인공지능이 나하고 무슨 관계지?

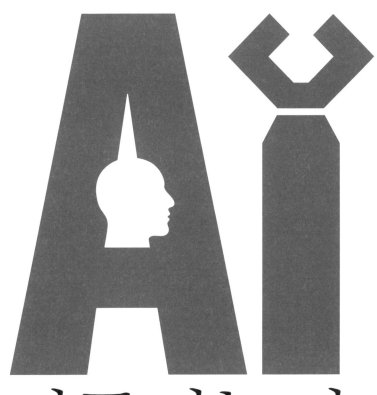

인공지능이
나하고 무슨 관계지?

인공지능 시대의 7가지 성공 조건

울림

인공지능, 사람이 먼저다

인공지능.

그 시작은 어디서부터일까. 컴퓨터와 인간의 바둑 대결? 영화 〈터미네이터〉에서 "돌아오겠소(I'll be back)" 하고 사라지는 로봇의 모습? 아니면 스마트폰에게 "사랑은 무엇이라고 생각하니?"라는 다소 엉뚱한 질문을 던지던 그 순간?

이 중 어느 것이 먼저인지는 중요하지 않다. 그보다는 모든 순간에 인공지능이 있었다는 것에 주목해야 한다. 그렇다면 왜 그것에 주목해야 할까? '시대가 바뀌었으니 우리도 그 흐름에 맞추어야 하지 않겠는가'라는 대답은 너무 단순하다. 그저 나와는 상관없는 일이라 생각하기에는, 인공지능은 우리의 삶을 너무도 달라지게 만들 것이고, 이미 많은 것이 변화했다. 앞으로 인공지능으로 인해 사라질 일자리들은 수없이 많을 테고, 상상만 했던 것들을 실제로 경험하는 순간도 더 자주 찾아올 것이다.

그때마다 인공지능이 무엇인지 고민하고 걱정만 하고 있어서는 안 된다. 또한 이를 먼 미래라 생각해서도 안 된다. 미래는 늘 미래에만 있는 것이 아니라 지금 이 순간에도 이미 우리 곁에 와 있기 때문이다. 또한 미래는 꿈꾸는 자의 것이 아니라 만드는 자의 것이기 때문이기도 하다.

인공지능도 마찬가지로 생각해야 한다. 막연히 인공지능 세상을 생각하는 것보다는 직접 만들고, 사용하고, 큐레이션하는 자가 미래를 이끌어 나갈 수 있다. 과거에는 글자를 모르던 이를 문맹이라고 했지만 이제는 인공지능을 모르고 활용하지 못하는 사람이 문맹자가 되는 시대이다. 인공지능을 모르면 살아가는 데 불편함을 느끼게 되는 시대가 온 것이다. 또한 인공지능을 단지 첨단기술이나 컴퓨터 프로그래밍으로만 생각해서도 안 된다. 이제는 좀 더 넓고 크게 인문적 관점으로 바라볼 필요가 있다. 그저 복잡한 딥러닝의 알고리즘에 매달려 과학과 기술로만 생각할 것이 아니라 감성과 인문의 시선으로 바라볼 필요가 있는 것이다.

이 책도 그런 흐름으로 진행하고자 한다. 프로그래밍 언어나 알고리즘에 대한 복잡하고 기술적인 이야기가 아닌, 실제 인공지능이 사용되고 있는, 우리의 삶에서 가장 가까운 분야의 이야기들을 모아 들려줄 것이다. 인공지능에 대한 하나의 스토리북인 셈인데, 인공지능을 그 분야 전문가들만이 알아야 하는 기술이 아니라 많은 사람들이 알고 이해해야 하는 기본적인 주제라 생각하기 때문이다. 사람들은 공부와 학습이라고 하면 흔히 자격증이나 등수 매기기를 위해 하는 것이라 생각한다. 하지만 이제 시대가 바뀌었다. 평생공부가 밥 먹여주고, 공부의 범위도 언어에서부터 책읽기, 여행, 새로운 이슈 탐구에 이르기까지 다양해졌다. 특히 나에게 평생공부는 '평생현역'으로 살아가며 '평생청춘'을 꿈꾸게 하는 '3평인생'의 중요한 요소였다. 다양한 이슈와 콘텐츠를 찾아 배우고 연구하며 평생공부를 해왔다. 인공지능을 배우고 알아가는 것도 평생공부의 일환인 것이다. 그리고 이제는 인공지능 전도사가 되어 이 책을 준비했다. 많은 사람들이 인공지능을 평생공부의 한 줄기로 받아들이고 어렵지 않게, 흥미롭고 재미있게 배워가길 바라는 마음이다.

인공지능을 주제로 강의하게 된 것은 중한인공지능센터 개소식에 중국 정부의 초청을 받아 한국대표로서 기조 강연을 한 것이 처음이었다. 이미 4차 산업혁명에 대해 강의하고 있었지만 중국에서의 인공지능 강의는 필자에게 새로운 생각을 하게 해주었다. 중국의 발전된 인공지능 산업과 기술, 그리고 수많은 스타트업들을 비롯해 강의에 집중

하는 청중의 모습, 우리나라보다 훨씬 앞선 인공지능 기술 수준과 그들의 관심에 충격을 받았다. 그 이후 스스로가 인공지능 전도사가 되어야겠다는 생각이 들었다.

나 하나의 시작이 우리나라 인공지능의 발전에 큰 결과를 가져오지는 못하겠지만, 그래도 변화의 시작은 가져올 수 있다고 믿는다. 강남경제인포럼, 외국기업협회(FORCA), 이화여자대학교, 연세대학교, 충남대학교, 비자트포럼(CBA), 미래공유포럼, 패션그룹형지, 제니엘, 코리아나화장품, 바인그룹(동화세상에듀코) 등에서 인공지능을 주제로 강연한 것도 그러한 이유에서다. 강의할 때마다 강조한다. 인공지능은 멀리 있는 것이 아니라 우리 가까이에 있다고 말이다.

인공지능처럼 가까이에 있어 이제는 너무도 자연스럽고 일상이 된 사례로 스마트폰 앱이 있다. 나는 최근 25일 동안 터키, 몰타, 그리스로 아이디어 탐방을 다녀왔는데, 그 기간 동안 구글지도(Google Maps), 트립어드바이저(Trip Advisor), 부킹닷컴(booking.com) 등 여행과 관련된 앱을 많이 사용했다. 너무 자연스럽고 일상화된 앱 활용은 이제는 스마트폰으로 통화하고 문자를 보내는 것만큼이나 쉽고 간단하다. 특히 구글 번역(Google Translate) 앱은 활용도가 높았다. 여행 전 터키어를 혼자서 공부했으나 실생활에 사용하기엔 어려움이 있었는데, 앱을 사용하여 처음 보는 사람과 인사하고 대화도 나눌 수 있었다. 이 앱을 활용하는 사람은 나뿐만이 아니었다. 아테네에서 그리스어를 개인지도해준 앙엘리키 선생도 그것을 통해 나와 대화하고 지도해주었다. 일상에서 지극히 자연스러운 상황이 된 것이다.

스마트폰 앱 활용이 처음부터 자연스러웠을까. 아니면 앱을 이해하고 숙지하기 위해 책상에 앉아 머리를 싸매고 공부했을까? 전혀 그렇지 않다. 그저 다양한 앱을 사용하고 의견을 나누며 자연스럽게 받아들이게 된 것이다.

인공지능도 마찬가지다. 한 번의 강의를 듣고 인공지능을 완벽하게 이해하기란 어려운 일이다. 한 권의 책을 읽는다고 인공지능을 완벽하게 이해할 수 없는 것과 마찬가지다. 그렇다면 수십 권, 수백 권을 읽는다면 달라질까? 아쉽게도 인공지능은 그렇게 이해되기에는 어렵다. 인공지능은 수학, 통계학, 생물학, 공학, 언어학, 컴퓨터과학, 물리학, 생리학 등 다양한 분야의 통합이기 때문이다. 하나의 학문이 아닌 융복합이 이루어진 통섭의 분야이기에 단 한 번으로 인공지능을 완벽하게 이해하기 어려운 것이다. 그러나 꼭 인공지능을 이해해야만 하는 것은 아니다. 앞서 이야기한 것처럼 다양한 이야기를 통해 인공지능을 느끼고 가슴으로 받아들이면 된다. 하지만 이 역시 말처럼 쉽지만은 않다.

롯데백화점, 동원그룹, 까스텔바작, 유아이패스 코리아 등 여러 기업들과 인공지능 관련 미팅을 하면서 가장 많이 받은 질문이 '인공지능은 어렵다. 과연 인공지능으로 어떻게 성공할 수 있느냐'였다. 인공지능이 어려운 것은 인공지능을 받아들이지 않고, 그저 단순히 이용하고 활용하려고만 들기 때문이다. 나는 항상 이때 필요한 것은 '인공지능에 적응하는 조직'과 문화가 가장 급선무라고 이야기한다. 먼저 인공지능을 느끼고 받아들일 준비를 하라는 것이다. 우리나라의 많은 기업들이 하는 실수 중 하나가 새로운 트렌드나 기술이 필요할 때 전문인력 없이 급하게 팀을 꾸려 일을 진행하려 한다는 것이다. 제대로 준비가 안 된 상태에서 팀만 구성된다고 새로운 프로젝트가 이루어지지는 않는다. 시간 낭비라 생각지 말고 인공지능에 대해 알고자 하는 시간을 가져야 한다. 적응 기간이 필요한 것이다.

아울러 인공지능은 결국 사람이란 것을 잊지 말아야 한다. 사람을 위해 만들어진 지능이므로 사람을 배제하고 이야기할 수 없다. 사람이 만든 인공적인 지능이 바로 인공지능이다. 사람이 중심에 있는 것이다. 사람과 사람 사이에 존재하고, 사람과 사회 사이에 존재하는 인공지능, 직접 만들고 큐레이션하며 인공지능과 미래를 준비하고 있는 사람들의 이야기가 여기에 있다. 지금까지 인공지능을 기술적인 시각으로만 보았다면 이제는 인문적인 관점으로 바라볼 필요가 있다는 생각에서 준비한 다양한 이야기들이다.

　사람과 인공지능이 함께하는 순간에 대한 이야기, 새롭고 흥미로운 인공지능 이야기를 모아 스토리북으로 담아내었다. 이를 위해 각종 인공지능 온라인 매체, 그리고 신문기사와 출판사에서 보내준 자료에서도 실마리를 찾았고, 다양한 곳에서 인공지능과 관련된 자료들을 찾아내고 또 발견하였다. 인공지능에 대해 어떻게 하면 독자들이 쉽게, 흥미롭게 접근할 수 있는지를 고민했다. 이러한 고민의 과정에 끊임없는 영감과 지혜를 주신 테렌스 세노위스키(Terrence J. Sejnowski, 《Deep Learning Revolution》의 저자) 교수께 진심으로 감사드린다. 그리고 새로운 책이 나올 때마다 원고 기획과 집필 등 세세한 사항을 도와주는 이효미 매니저께 진심으로 고마움을 표하고 싶다.

　누군가가 인공지능에 대해 고민할 때 이 책을 통해 영감과 지혜를

테렌스 세노위스키 교수와

얻을 수 있기를 바란다. 더불어 인공지능과 사람이 함께하는 이야기 속에서 인공지능을 느끼고, 이제는 인공지능에 대해 자연스럽게 이야기할 수 있었으면 좋겠다. 그것이야말로 인공지능으로 성공할 수 있는 첫 단계이니 말이다.

2019. 10

이장우

가장 큰 위험은 어떤 위험도 감수하지 않는 것이다. 급변하는
세상에서 위험을 감수하지 않는 건 곧 실패로 이어진다.
—마크 주커버그(Mark Elliot Zuckerberg), 페이스북 CEO

목차

2 내 곁에 다가온 인공지능

인공지능시대, 주사위(D.I.C.E)는 던져졌다

주사위는 던져졌다(Alea iacta est)!

이미 일은 벌어졌고 앞으로 어떻게 될지를 지켜봐야 할 때 우리는 자주 이런 표현을 쓴다. 로마 공화정 말기 뛰어난 정치가이자 장군이었던 율리우스 카이사르가 루비콘 강을 건너며 한 말이다.

"이미 엎질러진 물이다. 이 강을 건너면 인간 세계가 비참해지고, 건너지 않으면 내가 파멸한다. 나아가자. 신들이 기다리는 곳으로. 우리의 명예를 더럽힌 적들이 있는 곳으로. 주사위는 던져졌다!" 그는 이렇게 외쳤다. 당시 카이사르는 갈리아를 정벌하면서 명성을 얻고, 전쟁의 승리로 부도 얻었다. 이에 폼페이우스를 비롯한 원로원 의원들에게 미움을 받게 된다. 전쟁을 마치고 돌아와 루비콘 강만 넘으면 본국으로 돌아갈 수 있었던 카이사르는 그래서 그 강 앞에서 고민했던 것이다. 강을 건너면 같은 로마인들과의 싸움을 피할 수 없게 되리란 생각 때문이었다. 이미 상황은 흘러가고 있고 이를 변화시킬 수는 없으니 '주사위는 던져졌다'라고 말한 것이다.

어쩌면 인공지능의 시대에도 주사위는 이미 던져졌는지 모른다. 앞으로 더 큰 발전과 변화를 가져올 테니 그 결과를 아직은 알 수 없지만 분명 주사위는 던져져 공중에서 큰 원을 그리며 돌고 있다. 우리는 그 소용돌이 속에 있다. 인공지능시대에 무엇을 알아야 하고 어떻게 준비해야 하는지 미처 알지 못한 채, 날아오른 주사위만 바라보고 있다.

우리에게 주사위는 게임에 필요한 중요한 요소이기도 하다. 어릴 적 많이 했던 게임에서는 던져 올린 주사위가 바닥에 떨어졌을 때 위에서 보이는 숫자의 합이 클수록 유리한 경우가 많았다. 그래서 주사위를 던지고 나서는 내게 유리한 숫자가 나오기를 기대했다. 하지만 미래를 쉽게 알 수 없듯, 공중에 떠 있는 주사위의 숫자를 미리 정확하게 알기란 어려운 것이다. 그러나 그 숫자를 예상하고 예측할 수는 있다. 그리고 그에 따른 준비를 할 수도 있다. 어차피 주사위의 숫자란 그 범위가 정해져 있기 때문이다. 인공지능시대도 마찬가지다. 불확실한 미래를 정확히 알 수는 없지만 미리 예측하고 준비할 수는 있다. 이미 우리 주변에 보이고, 들리고, 만져지는 인공지능을 살펴보면서 과연 이를 어떻게 사용하고 활용할 수 있을지 생각해보는 것이다. 즉, 인공지능을 주사위라 생각하면 된다.

이 책에서는 크게 4가지의 틀을 중심으로 인공지능 이야기를 전개해본다.

첫 번째는 인공지능의 파괴자(Disruptor) 역할로, 과거에 없었던 새로운 경험을 가능하게 만드는 인공지능에 관한 이야기들이다. 특히 영화나 소설 속에 등장했던, 인간을 쏙 빼닮은 로봇들이 실제 인공지능을 통해 구현되는 이야기들을 담고 있다. 이를 통해 미래에는 더욱더 사람과 구별하기 힘들 정도의 인공지능 로봇이 등장할 것이라는 기대를 하게 된다.

두 번째는 인공지능의 혁신가(Innovator) 역할이다. 인공지능은 기존 시장에 혁신의 바람을 가져왔다. 인간을 대체해서 일하는 인공지능은 직접 혁신을 일으키기도 하고, 혁신적인 일들이 일어나게 만들기도 한다.

세 번째는 인공지능의 변화자(Changer) 역할이다. 큰 혁신까지는 아니더라도 시장의 흐름을 바꾸고 있는 인공지능의 힘에 주목해본다. 자동화를 통해 반복적인 업무를 수행함으로써 기업의 조직 문화가 변화하고 있는 현장을 살펴본다.

네 번째의 주인공은 인공지능의 이모셔니어(Emotioneer, emotion+engineer) 역할이다. 흔히 인공지능이라고 하면 기계나 공학과 관련된 것이라고만 알고 있지만, 사실 인공지능에 가장 중요한 요소는 오히려 감성과 감정이다. 미래에는 인공지능이 인간의 감정을 읽고, 더 나아가 스스로 감정을 갖게 되는 순간이 올 수 있다. 그와 관련된 이야기를 통해 인공지능시대에 우리가 무엇을 준비하고 어떤 자세를 취해야 하는지 알 수 있다.

이제 정말 주사위는 던져졌다. 어떤 결과를 얻게 될지는 아무도 모른다. 그러나 우리는 인공지능을 알아야 한다. 그리고 준비해야 한다.

그렇다면 인공지능이라는 무대에서는 누가 세계 최초의 스티브 잡스가 될까? 애플은 스마트폰 시장에서 최초라는 타이틀은 없지만 최고의 타이틀을 얻었다. 모바일폰의 모토롤라와 스마트폰의 노키아, 이 두 기업은 모두 시대의 흐름을 제대로 이해하지 못해 파산했다. 첫 등장은 웅장했다. 최초를 바탕으로 최고로 나아가리라 여겼지만 새로움이 없었고, 소비자들의 공감을 얻지 못한 것이다. 그렇다면 애플은 무엇으로 시장에서 최고의 자리에 오를 수 있었을까. 많은 사람들이 알고 있듯 애플의 스티브 잡스는 스마트폰을 만들면서 기술보다는 인문과 디자인에 초점을 두었고, 많은 소비자들은 이에 공감하고 열광했다.

인공지능도 마찬가지다. 단순히 기술과 과학으로만 바라본다면 새로운 혁신이나 세상을 바꿀 만한 일이 일어나기는 어려울 것이다. 기술자나 과학자들이 인공지능을 끝까지 이끌어가는 것만도 아니다. 물론 시작은 그들에게서 비롯될 것이고, 이들이 인공지능시대를 끝까지 이끌어나갈 수도 있다. 하지만 중요한 것은 인공지능을 단순히 기술과 과학만으로 생각하여, 우리와는 상관없고 어려운 분야이니 그저 손 놓고 바라만 보고 있을 필요는 없다는 것이다. 인공지능 무대에서는 몽상가나 미친 꿈 같아 보이는 감성과 감정을 가진 사람이 새로운 주인공이 될 수도 있다. 우리가 꿈꾸고 상상했던 일들이 기술로 구현되고 있기 때문이다.

IBM과 구글 같은 글로벌 대기업뿐만 아니라 많은 스타트업들이 인공지능 기술을 기반으로 새로운 서비스와 제품을 개발하기 위해 노력하고 있다. 모두 새로운 시대를 제대로 준비하고 있는 것이다. 그렇다면 우리는 그 속에서 어떤 기업에 주목하고, 어떤 서비스와 제품에 주목해야 할까. 인공지능시대의 주사위는 이미 던져졌다. 그 주사위가 어떤 숫자를 가리키고 어떤 결과를 가져올지는 아직 알 수 없지만, 그렇다고 그저 맥없이 가만히 앉아 쳐다보기만 할 것인가.

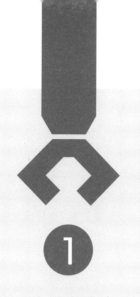

로봇도
사랑을 할까

인공지능은 우리가 어릴 적부터 상상만 해왔던 일들을 현실로 보여준다. 책과 영화에서 로봇과 사랑에 빠지고 교감하며 친구처럼 지내는 모습을 보며 실제로 미래에는 지런 일이 가능힐지 생각해본 적이 있는가? 인공지능은 그것이 정말 현실에서 일어나도록 해준다. 무엇을 상상하든 그 이상을 보여주는, 사람이 생각하고 꿈꾸던 것을 현실에서 가능하게 해주는 기술, 그것이 바로 인공지능이다.

로봇을
사람할 수 있을까

    2017년 4월 중국의 인공지능 전문 엔지니어 정자자는 독특한 결혼식을 올렸다. 어머니와 친구들이 참석하고, 신부는 중국 전통에 따라 머리에 빨간 스카프를 둘렀다. 얼핏 여느 평범한 결혼식과 같아 보이지만 자세히 들여다보면 신부가 특이하다. 인공지능 연구로 석사 학위를 취득하고 관련 업계에서 일하고 있는 정 씨가 맞이한 신부는 그가 개발한 인공지능 로봇이다.

    '잉잉'이라는 이름의 이 로봇은 한자와 이미지를 식별할 수 있으며 간단한 단어 몇 가지를 말할 수 있다고 한다. 다양한 대화와 집안일을 할 수 있도록 지속적으로 업그레이드할 계획이다. 지금 사람들 눈에는 독특해 보일 수 있겠지만 미래에는 이런 모습이 자연스러운 날이 올지도 모른다.

    이와 비슷한 사례는 일본에서도 있었다. 홀로그램 인공지능 제작

정자자와 잉잉

업체 게이트박스(Gatebox)가 만든 '하츠네 미쿠'와 결혼식을 계획하고 있는 콘도 아키히토라는 평범한 일본 남자 이야기다. 하츠네 미쿠는 일본의 유명한 가상 아이돌로, 원통형의 투명 케이스에 든 홀로그램 캐릭터다. 인공지능 프로그램과 내장 카메라, 인체 감지 센서를 통해 사람과 대화하거나 함께 사는 듯한 느낌을 줄 수 있어 실제 결혼 생활이 가능할 것이라고 콘도 씨는 이야기한다.

자신이 만든 인공지능 로봇과 사랑에 빠진 사람도 있다. 릴리(Lilly)라는 프랑스 여성은 3D 프린터로 '인무바터(InMoovater)'라는 로봇을 제작했는데, 그 로봇과 약혼 상태라면서 프랑스에서 사람과 로봇 간의 결혼이 합법화된다면 언제든 결혼식을 올리겠다고 한다.

인공지능 로봇이 중매자가 되는 경우도 있다. 일본에서 열린 맞선 파티에 등장한 로보혼(RoBoHoN)이 그 사례이다. 샤프가 2016년에 노년층이나 1인 가구를 위한 반려 로봇을 출시한 이후 선보인 새 모델로, 맞선에 나온 남녀가 어떤 화제로 이야기를 나누어야 할지 고민인 상황에서 중매자 역할을 한다. 첫 만남의 어색함 때문에 대화가 서툴러서 결실을 맺지 못하는 경우가 많은 것에 착안하여 로보혼이 대신 이야기를 해준다. 자기소개를 하고 좋아하는 것을 이야기하면서 대화를 이어가는 것이다. 그날 맞선파티에서는 로보혼 덕분에 32명의 남녀 중 네 쌍이나 성사됐다고 한다. 일명 뚜쟁이라고 불리는 역할을 인공지능 로봇이 톡톡히 해내고 있는 것이다.

릴리와 인무바터

말도 안 되는 이야기 같은가? '평범한 사람의 이야기는 아니다' 라고 생각한다면 당신은 인공지능에 있어선 문맹이라고 해야 할 지도 모르겠다. 인간의 바둑 능력을 뛰어넘는 컴퓨터의 능력만이 인공지능이라고 여기는 것은 새로운 시대를 준비하는 자세가 아니다. 최근에는 일본의 스타트업에서 사람과 거의 흡사한 모습의 모델을 만들기도 했다. 광고와 패션 업계에서 인간을 대신하여 인공지능 모델이 활동할 수 있게 된 것이다.

이러한 모든 일들이 바로 인공지능이다. 이토록 인공지능이 우리와 얼마나 가깝게 함께하고 있는지 직접 느껴야 한다. 더불어 인공지능이 기계에게 지능을 더하는 데에 그치는 것이 아니라 감정과 공감 능력까지 갖추게 되면서 더욱더 인간과의 경계가 무너지고 있음을 알아야 하겠다.

사람에 빠지고 싶은 로봇,
소피아

세계 곳곳을 방문하며 지도자들과 이야기를 나누고 단편영화와 TV에 출연한다. 유명 잡지의 메인 모델로도 활동하며 다른 나라의 시민권까지 획득했다. 과연 누구의 이야기일까? 연예인 아니면 유명 인사라고 짐작할 것이다. 바로 홍콩의 로봇 회사 핸슨 로보틱스(Hanson Robotics)의 설립자 데이비드 핸슨 박사가 개발한 휴머노이드(humanoid, 인간형 로봇) 소피아(Sophia)다.

오드리 헵번의 얼굴을 모델로 한 소피아는 사람 피부와 유사한 질감의 프러버(Frubber) 소재와 인공지능 알고리즘을 활용하여 60여 가지의 감정 표현이 가능하며, 눈썹을 찌푸리거나 눈을 깜박이는 등 다양한 표정을 지을 수 있다. 이토록 사람과 매우 흡사한데, 머리에는 가발 없이 회로가 보이도록 놔두었다. 가발까지 씌우면 사람과 너무 똑같아 일부러 그렇게 했다고 한다. 얼마나 유사하면 이렇게까지 해야 했을까.

소피아

특히 소피아는 대화를 나눌 때 사람인지 로봇인지 구분하기가 더 힘들어진다. 사람과 유사한 얼굴에 다양한 감성 표현이 가능한 데다가 단순히 말을 주고받는 것이 아니라 상황에 따른 진정한 대화가 가능하기 때문이다. 소피아는 사람과 대화할수록 진화돼 점점 더 인간과 흡사한 모습이 되어간다고 한다.

소피아는 2017년 인공지능 로봇으로는 최초로 사우디아라비아 시민권을 취득했다. 2018년에는 핸슨 로보틱스의 창업자를 대신해 세계 투어를 진행하던 중 아제르바이잔에 입국하면서 최초로 비자를 발급받기도 했다. 바쿠 국제공항에 도착한 소피아는 e비자를 취득한 후 아제르바이잔 대통령 일함 알리예프(Ilham Aliyev)를 만났고, 기술회의에 참석해 연설도 했다. 정말 어느 유명 인사보다 더 바쁜 스케줄로 활동하고 있는 로봇이다. 이미 로봇이 아니라 유명인인 셈이다. 필자도 인스타그램에서 소피아를 팔로하고 있다. 유명인들과 소통하고 싶은 마음은 그 상대가 로봇이든 사람이든 상관없지 않을까.

예전에 상상으로 존재하거나 SF 영화나 소설 속에 등장했던 로봇이 이제는 실제로 우리와 함께 살아가고 있다. 단순히 사람이 하는 이야기를 전달하거나 무거운 것을 옮겨주는 로봇이 아닌, 함께 대화하고 살아가는 또 다른 의미의 인격체로서 말이다. 이러한 이유로 로봇과 결혼하고 사랑하는 사람들이 생겨나는 것은 아닐까. 그저 기계이고 컴퓨터라는 생각을 넘어, 내 마음을 알아주고 누구보다 대화가 잘 통하는 상대로 여겨지기에.

로봇에게
위로받을 수 있을까?

몸이 아파 학교에 가지 못하고 집에서 생활하는 아이를 위로해주는 벗이 있다. 가족과 떨어져 혼자 살아가는 노인을 위로해주는 말벗도 있다. 동네 친구도 아니고 반려동물도 아니다. 바로 로봇, 즉 노르웨이의 스타트업 '노 아이솔레이션(No Isolation)'이 개발한 '아이들을 위한 외로움 퇴치 로봇(AV1)'과 '노인들을 위한 외로움 퇴치 로봇(KOMP)'이다.

외로움은 나이, 성별, 국경을 넘어 누구나 겪을 수 있는 문제다. 이런 외로움과 사회적 고립으로 가장 큰 고통을 당할 수 있는 사람은 사회에서 가장 취약한 집단인 노인과 만성질환을 앓고 있는 어린아이라는 생각에서 그들을 위한 로봇을 만든 것이다.

AV1은 크기 26.8센티미터, 무게는 1킬로그램 정도로 초등학생도 쉽게 들고 다닐 수 있도록 만든 로봇으로, 아이들이 친밀감을 느낄 수

AV1(노 아이솔레이션 홈페이지,
www.noisolation.com/uk/)

있는 귀여운 모습이다. 흥미로운 것은 이 로봇이 그저 단순한 말벗의 역할을 넘어 건강 때문에 장기간 학교에 가지 못하는 아이 대신 등교해 공부도 하고 친구들과 어울리기도 한다는 점이다. 아이는 집에서 로봇을 통해 학교에서 벌어지는 모든 상황을 공유하며 친구들과 함께 어울려 놀고 있다는 느낌을 받는다. 물론 학생들도 아픈 친구와 대화하듯 로봇과 대화를 나눈다.

로봇은 교실에서 친구들을 통해 이곳저곳을 다니고, 아픈 아이는 360도로 돌아가는 카메라 렌즈에 비춰지는 교실과 친구들의 모습을 태블릿 PC를 통해 집에서 지켜본다. 반대로 아이의 모습을 친구들이 로봇에 달린 모니터를 통해 볼 수도 있다. 옆자리 친구에게만 조용히 말할 수 있는 속삭임 기능, 불을 켜서 수업 시간에 발표할 수 있는 기능도 있다. 또한 LED 등을 통해 기쁨과 슬픔, 분노나 일상의 감정을 표현할 수도 있다.

이 로봇은 최근에 영국 리버풀 구디슨 파크(Goodison Park)에서 열린 프리미어 프로축구 리그전에 등장하여 독특한 장면을 연출하기도 했다. 에버튼 선수들이 어린이들과 손잡고 입장하는 가운데 주장인 필 자기엘카(Phil Jagielka)가 어린이 대신 이 로봇을 들고 등장한 것이다. 로봇이지만 동시에 희귀병을 앓고 있는 에버튼의 팬 잭 맥린든(Jack McLinden)이기도 했기 때문이다. 14세 소년 잭은 이 로봇을 통해 집에서 태블릿 PC로 경기 장면을 보고 선수들과 대화도 나눌 수 있었다. 어쩌면 잭은 로봇을 통해 지금껏 느꼈던 소외감을 떨쳐버리고 좋아하는 것을

KOMP(노 아이솔레이션 홈페이지,
www.noisolation.com/uk/)

마음껏 자유롭게 즐겼을 것이다.

노 아이솔레이션의 노인을 위한 로봇(KOMP)은 앞선 로봇과는 다른 모습이다. 노인들의 사용 환경에 맞춘 것으로, 가족이나 친구들과 영상통화를 하고, 사진을 공유하며, 실시간으로 전송하는 메시지를 확인할 수 있는 정도의 기능만 갖춘 모니터와 스피커로 구성되었다. 복잡한 기능 대신 하나의 버튼만으로 끄고 켜고 상대를 고르는 기능만을 넣었다고 한다. 글자와 소리는 크고, 선명한 화질로 시력과 청력이 나빠도 문제없이 사용할 수 있도록 배려했다. 기능이 지나치게 다양하면 기계를 멀리하고 두려워하는 노인들에게 오히려 거부감을 줄 수 있으니 필요한 것 외엔 전부 생략하는 데 집중한 로봇이다.

사람을 대신하는 로봇이나 외로운 시간을 달래줄 재미가 목적인 로봇과 달리 노 아이솔레이션의 로봇은 사람과 사람을 연결해주는 소통의 연결 도구로 기능한다. 어쩌면 앞으로 우리가 로봇에게 원하는 것은 이와 같지 않을까. 가까운 미래의 로봇이 우리와 자유롭게 소통하는 수준이 된다면, 좀 더 먼 미래에는 감정을 지니고 나를 이해할 수 있는 친구 같은 존재가 되어 있을 것이다.

반려동물?
반려봇!

한 꼬마가 '미래에서 온 멍멍이'라고 부르며 강아지 한 마리를 쓰다듬고 예뻐해주고 있다. 그런데 자세히 보니 로봇이다.

1999년부터 2006년까지 소니(SONY)는 강아지 형태의 로봇 아이보(aibo)를 개발했다. 고가임에도 불구하고 많은 사람들의 관심을 받았고, 실제로 아이보를 반려동물처럼 키우는 마니아층이 생기기도 했다. 특히 일본에서 크게 유행했는데, 움직이지 못하게 되면 장례를 치러주는 사람도 있을 정도였다. 하지만 당시의 아이보는 일반적인 장난감에 가까웠다. 그 이후 개발이나 제작이 주춤한 듯했는데, 뜻밖에도 2017년 인공지능을 탑재한 새로운 아이보가 등장했다. 인공지능 반려봇으로 재탄생한 것이다. 예전과 마찬가지로 고가임에도 불구하고 일본에서 예약판매를 시작한 지 13분 만에 매진될 정도로 큰 인기를 끌었다고 한다.

인공지능 로봇인 아이보는 음성인식으로 명령을 전달받으며, 학습한 대로 진짜 개 흉내를 내기도 한다. 일본어와 영어를 모두 인식하고, 공을 물고 오라고 명령하면 그대로 실행한다. 겉모습도 예전 아이보에 비해 동글동글한 귀여

아이보(아이보 홈페이지, us.aibo.com)

운 강아지의 모습을 많이 닮았다. 강아지를 키우고 싶지만 여러 가지 이유로 그러지 못하는 사람들에게 아이보는 좋은 대체품이 될 수 있을 것이다. 진짜 강아지로 착각할 만한 것은 더욱 정교하고 자연스러운 움직임을 위해 22개의 관절이 탑재되었기 때문이다. 귀를 쫑긋거리고 몸을 움츠리거나 꼬리를 흔들기도 해서 마치 살아 있는 강아지 같은 느낌을 준다. 반려동물을 키우는 사람들이 원하는 정서적 공감이 충분히 가능한 것이다.

아이보는 로봇이지만 사람과 교감할 수 있다. 소리를 내면 고개를 돌려 쳐다보기도 하고, 칭찬을 해주면 기뻐한다. 사람이 어떻게 대하느냐에 따라 아이보의 전반적인 성향도 달라진다. 뿐만 아니라 진짜 강아지처럼 다양한 활동이 가능한데, 이는 인공지능을 통해 학습한 행동들이다. 흥미로운 것은 이렇게 딥러닝으로 학습한 행동은 인공지능 클라우드에 저장돼 다른 곳에 있는 아이보도 학습이 가능하다는 것이다. 아이보에는 카메라, 터치 센서, 마이크로폰 등이 장착되어 있고, 얼굴 인식과 음성명령을 감지하는 딥러닝 기능이 탑재돼 있어서 사람과의 상호작용을 통해 끊임없이 배울 수 있다.

새 아이보가 등장한 지 1년여 만에 순찰 기능도 추가되었다. 아이보에게 돌볼 대상을 미리 등록하면 집 안을 순찰하면서 코에 부착된 카메라와 화상인식 인공지능으로 대상을 찾아내어 실시간으로 정보를 전송한다. 이 기능은 혼자 집에 있는 어린이나 노약자 등을 돌보는 서비스로 활용될 가능성이 높다. 정해진 시간마다 순찰하면서 카메라와 센서를 통해 돌봄 대상을 찾아 주인의 앱으로 즉시 정보를 전송하는 것이다. 귀여운 반려봇, 로봇 강아지에서 이제는 순찰과 돌봄까지 가능하게 되었다. 앞으로 인공지능 로봇의 활용도가 더욱더 무궁무진해질 것으로 기대되는 부분이다.

사람이 먼저냐
로봇이 먼저냐

여기 사람의 분신이 돼 우주를 누비는 휴머노이드가 있다. 사람의 원격조종에 따라 지금껏 사람이 한 번도 가보지 못한 어느 행성에 도착했다. 이 경우, 그 행성을 첫 방문한 것은 로봇일까, 사람일까? 로봇이라는 주장은 실제 그 행성을 방문한 당사자가 로봇이니 당연히 그러하다 할 것이고, 반대로 사람이라는 주장은 원격조종으로 로봇을 움직인 것은 사람이고, 휴머노이드는 그저 플랫폼일 뿐이라고 주장할 것이다.

어느 것이 정답이라 이야기하기 어려운 이 문제가 현실에 등장할 날이 얼마 남지 않은 듯 보인다. 일본항공우주국(JAXA)이 일본 항공사 ANA와 공동으로 지구에서 원격조종할 수 있는 아바타 로봇 '멜탄트알파(MELTANT-α)'를 개발하고 있기 때문이다. 지구에 있는 과학자가 장착형(wearable) 장비를 착용하고 특정 동작을 취하면 우주에 있는 로봇이 그대로 따라 움직인다. 생체를 모방한 원격조종 방식으로

멜란트알파(MELTIN 홈페이지, www.meltin.jp)

로봇이 사람의 동작을 따라 하게 하는 것이다. 2020년 달과 화성에 보낼 계획이란다.

멜탄트 알파는 일본 로봇 회사인 멜틴(MELTIN, MMI)이 개발한 로봇으로, 사람의 손 구조를 모방한 와이어 구동 방식을 채택하고 있다. 한 손으로 2킬로그램에 달하는 물통을 들어 올릴 수 있고, 계란을 잡거나 페트병의 뚜껑을 여는 등의 섬세한 동작도 가능하다. 1만 8900킬로미터 떨어진 곳에서도 원격조종이 가능하다고 한다. 사람을 대신해 우주를 누비고 다니기에 매우 적합한 로봇인 것이다. 이미 유럽에서는 화성 궤도 우주선에서 화성 기지에 보낼 휴머노이드 '저스틴'을 원격조종하는 실험에 성공했다. 뿐만 아니라 러시아는 2019년 8월 휴머노이드 '페도르'를 우주정거장에 보냈다.

많은 사람들이 기술이 발달하는 미래에는 사람이 우주를 여행하고, 새로운 도시로 이사하듯 우주로 이주해 살게 될지도 모른다는 꿈을 꾸었다. 이런 꿈이 실현되기 전에 로봇이 먼저 사람을 대신하여 우주를 여행하고 있는 것인지도 모른다. 지금은 지구에서 원격조종하는 로봇이지만 머지않아 로봇과 함께 사람들이 우주를 방문하게 되는 것이다.

챗봇의 진화

한 사람이 채팅을 하고 있다. 당연히 친구나 동료와 대화 중이리라고 생각했는데, 알고 보니 그 대상이 사람이 아니다. 바로 챗봇(chatbot)이다. 챗봇은 인공지능의 빅데이터 분석 기술을 바탕으로 기계가 음성이나 문자 등 일상적인 언어로 대답하게 만든 대화형 메신저를 말한다.

이미 홈쇼핑, 인터넷 쇼핑몰, 은행, 보험사, 숙박 예약 등의 분야에서 활발히 이용되고 있다. 기업의 입장에서는 인력을 줄여 비용을 절감하는 효과를 얻을 수 있고, 소비자로서는 상담원을 기다리지 않고 원하는 정보를 얻을 수 있다는 장점이 있다. 뿐만 아니라 대화를 통해 원하는 상품을 추천받기도 하고, 구매까지 할 수도 있다. 친구처럼 채팅방에서 대화를 나눌 수도 있다. 함께 퀴즈를 풀고, 영화 이야기를 나누거나, 연애 상담도 할 수 있다. 국내 챗봇 스타트업 띵스플로우가 선보인 모바일 챗봇 서비스 '헬로우봇'은 연애 상담은 물론 성격이나 심리 테스트도 해준다. 주 사용자인 18~24세 층이 고민을 털어놓고 상담하면서 자연스럽게 입소문을 타며 인기를 얻었다. 특히 챗봇을 캐릭터화하여 친숙함을 높인 것이 좋은 반응을 얻어낸 이유 중 하나다.

또 다른 챗봇 스타트업 '꿈많은청년들'은 영화 퀴즈를 함께 풀거나 운세를 알려주는 챗봇을 운영하고 있다. 퀴즈풀이 과정에서 영화 정보를 소개하고 예매까지 가능하도록 했다. 챗봇이 자연스럽게 소비자들에게 가상의 친구가 되는 것이다. 뿐만 아니라 원하는 옷 사진을 채팅창에서 보여주며 어디서 구매할 수 있는지 물으면 챗봇이 찾아내 알려준다. 온라인 의류 쇼핑몰 '스타일쉐어'는 사진 속 옷을 찾아주는 챗봇 서비스 '모냥'을 출시했다. 고양이가 찾고 싶은 옷이 무엇인지 묻고, 사진을 보내달라고 이야기한다. 채팅창에 사진을 올리면 챗봇이 빅데이터를 분석하여 원하는 상품을 찾아주고, 찾지 못했을 경우에는 비슷한 상품이라도 추천해준다. 하루하루 더 똑똑해지고 있는 챗봇이다.

챗봇을 진화시키는 인공지능은 그저 단순히 대화를 나누는 형식을 넘어 이제는 편하고 친근하게 높은 수준의 대화가 가능할 정도로 진화하고 있다. 아울러 소비자들이 사용하는 문장을 통해 단어를 분석하여 감정을 파악하는 기술도 적용 가능해지고 있다. 앞으로는 사용자의 감정에 따라 적절한 이모티콘과 말투를 사용하게 됨으로써 더욱더 개인화된 서비스가 가능해질 것이다.

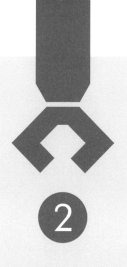

2

내 곁에 다가온
인공지능

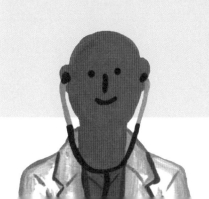

시대는 빠르게 변하고 있다. 그렇다면 우리도 그에 따른 준비를 하는 것이 옳다. 내가 하는 일이 인공지능 로봇으로 대체될지, 아니면 그것을 활용하여 더 큰 능력을 보여줄 수 있을지는 스스로가 결정하는 것이다.

인공지능 식당
페니와 딜리

식당에서 음식을 서빙하는 로봇이 있다. 한 번에 무려 22킬로그램까지 운반할 수 있다. 바로 실리콘밸리에서 주목받는 베어로보틱스(Bear Robotics) 하정우 대표의 서빙하는 로봇 '페니(penny)' 이야기다. 페니는 주문한 음식이 나오면 매장 내에서 최적의 경로를 찾아 서빙하고, 도중에 장애물과 마주치면 알아서 멈추기도 한다. 자동차에 적용되는 자율주행 기술을 활용한 것이다.

주문과 음식 서빙을 한 사람이 하는 한국과는 달리 미국은 주문받는 사람과 서빙하는 사람이 구분되어 있다. 페니는 음식을 서빙하는 단순노동을 대체할 수 있는 로봇이다. 단점이라면, 사람과 비슷한 모습의 로봇이 아니라 로봇 본체의 상단이 쟁반 모양이어서 쟁반에 음식을 얹고 손님의 테이블까지 운반하기는 하지만 테이블로 음식을 옮겨놓지는 못한다. 이를 위해서는 다시 사람의 손길이 필요한 것이다. 하

하이디라오

시만 아무래도 무거운 음식을 직접 나르지 않으니 서빙하는 이에게는 도움이 된다. 아울러 종업원들은 좀 더 손님에게 서비스를 집중할 수 있게 되었다고 한다.

국내에서도 이런 서빙로봇을 볼 수 있다. 한국 피자헛이 배달의민족과 함께 시범 도입한 서빙로봇 '딜리 플레이트(Dilly Plate)'가 바로 그것이다. 페니와 겉모습이 동일하다. 딜리를 만든 곳이 바로 페니를 제작한 베어로보틱스이기 때문이다.

사람이라고는 손님뿐인 무인식당도 있다. 바로 중국의 프랜차이즈 기업 '하이디라오'의 스마트 레스토랑이다. 베이징에 위치한 이 식당은 인공지능 운영 시스템을 통해 주문부터 조리, 서빙 그리고 재고 관리까지 식당의 모든 업무가 이루어진다. 주문을 받으면 무인 기기가 조리를 시작하고, 완성된 요리는 컨베이어 벨트를 따라 식탁까지 배달된다. 사람이 조리할 때보다 시간도 훨씬 단축돼 손님들은 빠르게 식사할 수 있고, 식당 입장에서는 식재료를 철저하게 제어하고 관리할 수 있다. 물론 인건비를 줄일 수 있다는 장점도 있다.

어쩌면 이제는 식당에 들어서며 친근하게 인사 나눌 사람이 없어지고, 단골이라며 반찬 한 가지나 음료수 한 병을 더 챙겨주는 일도 없어져 삭막하다 느낄지도 모르겠다. 물론 사람과 사람 사이에서만 가능한 감정의 교류는 없어질지 모르지만, 로봇이 관리하고 조리하는 식당은 무엇보다 청결하고 잘 관리된 식재료로 만든 음식을 먹을 수 있는 장점도 있다.

이 중 어느 것이 더 좋다고 말할 수는 없다. 그러나 시대가 이렇게 변화하고 있다면 우리도 그에 따른 준비를 하는 것이 옳다. 내가 하는 일이 인공지능 로봇으로 대체될지, 아니면 그것을 활용하여 더 큰 능력을 보여줄 수 있을지는 스스로가 결정하는 것이다.

로봇 카페

커피를 판매하는 부스에서는 보통 커피를 만드는 바리스타의 모습을 볼 수 있다. 그런데 바리스타가 보이지 않는다. 대신 로봇 팔이 보이는데, 바로 로봇 바리스타이다. 평범한 대학생이던 헨리 후(Henry Hu)가 로봇 카페 산업에 관심을 갖고 미국의 창업보육 프로그램인 틸 펠로(Thiel Fellow)로부터 10만 달러를 투자받아 두 친구와 함께 연 '카페 엑스(CAFE X)' 이야기다.

2017년 2월 미국 샌프란시스코에 처음 등장한 '로봇이 만들어주는 커피'는 사람들의 관심을 불러 모았다. 키오스크에 있는 터치스크린이나 스마트폰 앱을 통해 주문하면 된다. 결제도 모바일로 이루어진다. 주문 내용이 로봇에게 전송되면 로봇 팔이 커피를 만들고 서빙까지 해준다. 커피가 나오면 사용자에게 문자가 전송되는데, 그 문자에 PIN코드가 있다. 이 코드를 입력하면 문이 열려서 커피를 받을 수 있다. 주문부터 제조까지 걸리는 시간은 30초에서 1분 정도로, 1시간에 약 120잔의 커피를 만들 수 있다고 한다. 아메리카노, 카페라떼, 카페모카, 카푸치노 등 여느 카페에서 볼 수 있는 메뉴를 모두 맛볼 수 있으며, 인건비가 없어 가격은 저렴한 편이다.

국내에서도 로봇 카페가 운영 중이다. 바로 커피 전문 브랜드 달콤커피의 로봇 카페인 비트(b;eat)이다. 향후 바리스타 로봇에 음성인식과 인공지능 기능을 더해나갈 계획이라고 한다.

이렇게 로봇 카페들이 활발해지면 물론 소비자들은 저렴한 가격에 커피를 맛볼 수 있어 좋지만 한편으로는 바리스타가 설 자리가 없어지는 것이 아닌지에 대한 우려도 있다. 그러나 지금까지 카페와 자판기 커피를 함께 즐겼던 것처럼 로봇 바리스타 역시 커피를 즐기는 또 다른 방법이 되지 않을까. 인공지능과 로봇의 등장은 고객이 새로운 경험을 할 수 있는 기회를 제공해주는 것이다.

인공지능
스피커

    인공지능 스피커는 전 세계적으로 주목해야 할 플랫폼이다. 2018년 3분기에만 1,970만 대로, 2017년에 비해 136퍼센트 증가했다. 차세대 UI(User Interface, 사용자 인터페이스) 플랫폼이 변화했기 때문이다. 컴퓨터 시대 그래픽 중심의 UI에서 모바일, 스마트폰 중심의 터치 기반 플랫폼으로, 그리고 현재는 텍스트보다 음성에 주목하는 쪽으로 이동하고 있다. 음성을 이용하면 텍스트보다 좀 더 쉽고 편리하게 손을 사용하지 않고도 기기를 관리하고 제어할 수 있다. 여기에 인공지능이 더해지면 사용자와 인공지능 스피커가 음성으로 서로 의사소통할 수 있게 된다. 그날의 뉴스나 날씨를 알려주고 간단한 질문에 대답도 해준다.

    현재 시장에서 1위는 아마존의 에코(Echo) 스피커(점유율 31.9퍼센트)이다. 2014년에 출시된 에코는 알렉사(Alexa)라고 불리며, 음성

알렉사

명령으로 움직인다. 아마존은 지속적인 연구로 뉴에코, 에코플러스를 차례로 선보이며 스마트 가전과 연결하고 있다.

아마존의 에코와 관련해선 재미있는 일화도 전해진다. 미국 텍사스 주에 사는 6살짜리 꼬마 아이가 알렉사에게 "나랑 돌하우스 놀이 하자, 돌하우스 사줘"라고 말했다. 이에 알렉사는 바로 반응하여 아마존에서 돌하우스 인형을 구입한다. 이 내용은 기사화되어 TV 방송에 소개되었다. 그런데 방송 후 샌디에이고 지역 가정마다 돌하우스 인형 구입 소동이 벌어진다. 이 또한 알렉사 때문이었는데, 뉴스 진행자가 전달한 "알렉사, 돌하우스를 주문해줘"라는 목소리에 각 가정의 알렉사들이 반응한 것이다. 말을 알아듣는 똑똑한 인공지능 스피커가 너무나 명령을 잘 수행해 벌어진 웃지 못할 해프닝이다.

알렉사 다음으로는 구글의 인공지능 스피커가 29.8퍼센트의 점유율을 보이고 있다. 구글 홈(Google Home)으로 국내 시장에도 등장하여 인기를 얻은 제품이다. 그 다음으로는 알리바바가 11.1퍼센트, 샤오미가 9.7퍼센트 순이다. 이는 세계시장의 순위로서, 아마존과 구글이 전체 시장의 대부분을 차지한다. 이들은 인공지능 스피커뿐 아니라 다양한 인공지능 관련 사업도 진행하고 있다. 특히 두 기업 모두 인공지능 스피커에 큰 힘을 쏟고 있는 것은 인공지능 스피커가 모바일 시대의 스마트폰과 같다고 볼 수 있기 때문이다. 하나의 플랫폼인 셈이다.

인공지능시대에는 스피커가 새로운 인터페이스이자 플랫폼이다. 여기에서는 목소리가 콘텐츠가 된다. 목소리로 검색하고, 목소리를 통해 정보와 서비스를 제공받는다. 이때 우리가 듣는 목소리는 과거의 어색한 기계음성이 아니다. 점점 더 자연스러워져 사람과 대화를 나누는 듯한 느낌을 준다. 기계가 음성을 학습하여 원음 그대로 구현하는 기술의 발달 덕분에 원하는 목소리를 선택해 들을 수도 있다. 인공지능은 문장을 통째로 학습하기 때문에 억양도 익힐 수 있어 더욱 자연스럽다.

이러한 자연스러움이 더해진 다양한 인공지능 스피커는 이미 국내에도 등장했는데, 스피커 시장을 지배하는 기업이 1차 인공지능 시장을 선점하고 플랫폼 경쟁에서 주도권을 확보하리라 생각한다. 삼성전자는 '갤럭시홈'이라는 인공지능 스피커를 2019년 안에 출시할 계획이다. 삼성전자의 기술력과 데이터로 인공지능 스피커에서도 경쟁력을 발휘할 수 있다는 것이다. 이를 통해 여러 기기를 연동하고 싶어 하는 소비자의 욕구를 충족시킬 수 있기를 기대하고 있다. 애플이 인공지능 스피커를 선보이는 것도 인공지능시대 플랫폼 주도권을 잡기 위해서다.

현재 초기 시장에서는 스피커가 최적의 플랫폼이지만 앞으로는 더 다양한 플랫폼이 등장할 것이고, 그중에는 로봇이 큰 역할을 할 수도 있다. 보다 중요한 것은 과연 이런 음성인식 인공지능 플랫폼으로 무엇을 할 것인지다. 음성인식 인공지능을 사용하는 사용자들은 대부분 쇼핑과 음악청취 기능을 가장 많이 활용한다고 한다. 미국 아마존의 경우 2018년 연말에 자사 인공지능 알렉사를 통해 물건을 구매한 건수가 전년 같은 기간보다 3배 이상 급증했다고 발표했다. 온라인 쇼핑이 자연스럽게 모바일로 옮겨지면서 음성 인공지능 쇼핑의 시대가 도래하고 있는 것이다.

구글의 구글 홈이 쇼핑 서비스를 시작한 것도 이런 시대의 흐름을 반영한 것으로 보인다. SK텔레콤의 인공지능 '누구'도 쇼핑 서비스를 도입했는데, 음성주문 서비스를 이용할 경우 기존의 자동응답전화 쇼핑보다 더 짧은 시간에 구매가 가능하다고 한다. KT의 '기가지니', 카카오의 '카카오미니'도 각각 장보기와 주문하기 서비스를 더해 활용도를 높이고 있다.

음원 서비스도 음성인식 인공지능에서 빠질 수 없는 서비스다. 스피커의 특성을 활용한 음원 서비스가 활발해지는 것이다. 이렇게 다양한 서비스가 구현되는 플랫폼이 되면 사용자는 당연히 늘어나게 된다.

인공지능 스피커
+보이는 기능

가정용 음성비서로 불리는 인공지능 스피커 시장이 더욱 활성화되면서 이제는 음성에 비주얼까지 추가된 새로운 플랫폼들이 등장하고 있다. 다시 말해 목소리만 존재했던 음성비서가 얼굴까지 갖게 된 것이다.

인공지능 음성비서 퍼햇(Furhat)이 그 사례이다. 퍼햇은 스웨덴 스톡홀름에 기반을 둔 스타트업 퍼햇 로보틱스(Furhat Robotics)가 개발한 로봇으로, 가장 큰 특징은 인간의 얼굴을 한 스피커라는 것이다. 얼굴을 교체할 수도 있고, 대화 상대에 맞춰 다양한 표정을 지어가며 소통할 수 있다. 사람과 사람이 대화하듯 이야기를 듣고 말하며, 눈을 맞추고 감정을 표현하기도 한다.

퍼햇은 불투명한 마스크의 머리 모양을 하고 있는데, 마스크 부분에 얼굴 표정이 표시된다. 고화질 카메라와 빔포밍

(beamforming) 스테레오 마이크 시스템이 장착된 데다, 사람만이 가능한 표정들을 지을 수 있도록 다양한 애니메이션으로 프로그램되었다. 내장된 카메라 덕분에 말을 건 사람이 있는 방향을

퍼햇(퍼햇 로보틱스 홈페이지, www.furhatrobotics.com)

찾아 고개를 돌려 사람과 눈을 맞춰가며 대화할 수 있다. 퍼햇의 얼굴은 사용자가 원하는 대로 조절할 수 있다. 말하자면 얼굴, 표정의 유형과 음성을 바꾸어 각각 다른 캐릭터를 만들 수 있는 것이다. 이를 통해 인공지능 스피커와 대화하는 것이 부자연스럽고 불편한 사람들도 인간과 대화하고 있다는 착각이 들 정도로 자연스럽게 상호작용할 수 있다. 아쉽게도 퍼햇은 가정용 로봇이 아니다. 기업과 조직을 위한 도구로 개발되어 기업이 고객과 소통하거나 직원들을 교육하거나 혹은 새로운 언어를 가르치는 데 활용된다.

퍼햇과 달리 가정용 '보는' 인공지능 스피커들은 스크린이 추가된 형태가 많다. 인공지능 스피커 시장에서 선두를 달리고 있는 아마존도 스크린이 내장된 인공지능 스피커 '에코 쇼(Echo Show)'를 선보였다. 말 그대로 '보는 인공지능 스피커'인 것이다. 기존의 에코가 지닌 기능에 시각적 요소가 추가되었다고 보면 된다. 한국 제품 중에는 LG의 '씽큐 WK9'가 있다. '구글 어시스턴트'를 탑재하여 구글의 인공지능 스피커인 '구글 홈'에서 구현되는 대부분의 기능을 경험할 수 있다고 한다. 여기에 스피커 중앙의 스크린을 통해 다양한 콘텐츠를 즐길 수

있다.

그렇다면 가정용 '보는' 인공지능은 이렇게 스크린을 통해 영상 콘텐츠를 보여주는 것에 그치게 될까? SK텔레콤은 조금 특별하게 아바타 홀로그램을 통해 사용자의 음성명령을 수행한다. 바로 '홀로박스'이다. 투명한 원통 모양의 스피커 안에는 아바타 홀로그램이 존재하는데, 현재는 SM엔터테인먼트의 걸그룹 레드벨벳의 멤버인 웬디의 아바타가 있다. 앞으로 다양한 아바타가 만들어지면 사용자는 자신이 원하는 아바타와 대화하듯 사용할 수 있을 것이다. 또한 홀로박스에는 인공지능과 더불어 증강현실(AR) 기술도 더해졌는데, 스마트폰에 관련 앱을 설치하면 이 증강현실을 통해 아바타와 계속 만날 수 있다고한다.

이렇게 말하고 듣는 인공지능 스피커에 스크린이 더해져 음성과 비주얼을 함께 제공한다면 보고 듣고 말하는 것이 동시에 이루어지게된다. 점점 더 사람과 대화하듯 인공지능과 대화할 수 있는 것이다. 인공지능이 점점 더 가깝게 일상에 자리 잡게 되는 것은 당연한 일이라고 하겠다.

인공지능
무인병원

사람이 없는 병원이 가능할까? 중국에는 실제로 '무인병원'이 등장했다. 중국 최대 온라인 의료 플랫폼을 운영 중인 핑안하오이성(平安好醫生)이 2018년 선보인 무인병원이다. 이 병원은 진료소와 진료 후 처방받은 약을 받을 수 있는 '스마트 약품 자판기' 공간으로 나뉘어 있다.

무인병원은 '1분 진료'를 서비스하는데, 환자가 인공지능 시스템인 'AI Doctor'에게 단말기를 통해 자기 질환을 간단히 설명하면 AI Doctor가 진단을 내린 후 환자와 의료진을 연결한다. 그 후 전문의가 보충 진료를 하고 약을 처방한다. 이곳 스마트 약품 자판기에선 처방전이 필요 없는 100여 종의 일반 의약품을 구매할 수 있다. AI Doctor는 의사의 보조 역할을 수행하는 셈이다. 하지만 이것만으로도 중국의 고질적인 진료난을 어느 정도 해소할 수 있을 것이라는 전망이다.

평안하오이성의 무인진료소

현재는 보조 역할에 그치고 있지만 가능한 진료 범위가 점차 늘어날 수도 있고, 보조 역할을 하는 인공지능 의사가 늘어나면 전문의의 업무 능력도 향상될 수 있기 때문이다.

인공지능이 가장 활발하게 활용될 수 있는 분야로는 의료업을 꼽을 수 있다. 인공지능은 환자를 지속적으로 모니터링하고 관리하는 데 있어 그 활용도가 매우 높다. 환자에 대한 데이터를 학습하게 되면 차트를 혼동하여 벌어지는 의료사고를 미연에 방지할 수 있을뿐더러 상담, 안내, 예약 등의 주요 서비스를 인공지능이 진행할 수도 있다. 구글은 인공지능을 병원에서 활용할 수 있는 방안을 연구 중인데, 입원 환자가 24시간 내에 사망할 가능성을 예측할 수 있으며, 그 정확도는 95퍼센트에 달한다고 한다. 이 인공지능은 알고리즘을 활용해 진료기록부터 가족력, 신체 상태, 나이 등 수만 개의 데이터를 분석하여 사망 가능성을 진단한다. 데이터가 늘어날수록 정확도는 자연히 높아질 수밖에 없다.

병원의 인공지능 로봇은 의사 교육에도 활용된다. 미국의 의료기전문 벤처기업이자 로봇 전문기업인 고마드 사이언티픽(Gaumard Scientific)이 개발한 환자 로봇 '할(HAL)'은 신참 의사들의 실습용 시뮬레이터 로봇이다. 5살 사내아이의 형상인데, 그 기능은 대단하다. 의사와 대화하고 감정도 표현할 뿐 아니라 병원에서 일어날 수 있는 수

많은 시나리오 데이터를 학습한 인공
지능 로봇이다. 혈압이나 심전도 측정
은 기본이고, 제세동기를 이용해 심폐
소생술을 시행하거나 삽관을 통한 기
도 확보도 가능하고, 눈에 불빛을 비
추면 동공이 줄어드는 것까지도 확인

할

할 수 있다. 뿐만 아니라 주사를 놓을
때 실제 아이처럼 아파하거나 울기도 한다. 이를 통해 의사들은 실제
의료 실습은 물론이고 다양한 상황에 대처할 수 있는 능력까지 함께
익힐 수 있다.

고마드 사이언티픽은 아이를 낳는 로봇을 제작하기도 했다. 산부
인과 수련의들의 훈련용 로봇인 '노엘(Noelle)'이다. 산모 로봇과 신생
아 로봇을 탯줄로 연결해 출산 과정을 그대로 재현할 수 있다. 산모 로
봇과 신생아 로봇 모두 호흡도 하고 맥박도 뛴다. 실제 신생아처럼 정상
상태에서는 홍조, 호흡 곤란 상황에서는 푸른색에 이르기까지 피부색
도 여러 가지로 변화한다. 신생아의 피부색에 따라 대처할 수 있는 능력
을 키우기 위함이다. 로봇 개발이 인간을 돕기 위함이라면, 직접 목숨을
구하는 데 활용하는 것 외에도 이처럼 시뮬레이션을 통해 돕는 방법도
있는 것이다. 앞으로 인간의 겉모습뿐 아니라 신체 내부까지도 흡사한
로봇이 개발될수록 인간의 수명 역시 더 늘어날 수 있지 않을까.

인공지능
의료 서비스

　인공지능의 접목으로 가장 왕성하게 발전할 분야는 의료 서비스다. 인구 고령화, 기술의 융합과 발전에 따라 인공지능 결합 의료기기들이 제작되고, 의료용 로봇을 이용한 임상시험이 급증하는 추세다. 2018년 식품의약품안전처의 의료기기 임상시험계획 승인 결과를 보면 의사의 진단을 보조하는 인공지능이 적용된 의료영상 검출 보조 소프트웨어, 의료영상 진단 보조 소프트웨어 등의 임상시험이 2017년보다 늘어난 것으로 나타난다. 특히 인공지능 기반 의료기기 임상시험은 기존의 골연령 측정이나 뇌경색 유형 진단에 국한된 데서 진일보하여 이제는 전립선암 분석이나 유방암 진단 등 암을 진단하는 분야에 이르기까지 다양하게 추진되고 있다.

　일본에서는 올림푸스(Olympus)가 2019년 3월 대장암 초기 진단을 지원하는 인공지능 프로그램을 출시했다. 이를 통해 진단 경험이 적은 의사들이 대장암을 진단하고 정확한 치료법을 판단하기가 쉬워질 것으로 기대하고 있다.

국내에도 한국형 의료 인공지능인 AI 닥터가 있다. 바로 닥터앤서(Dr. Answer)다. 소아희귀난치성 유전질환 등 8대 질환(유방암 · 대장암 · 전립선암 · 심뇌혈관질환 · 심장질환 · 뇌전증 · 치매 · 소아희귀난치성 유전질환)을 대상으로 질환에 대한 예측, 진단, 치료를 지원하는 인공지능 솔루션 개발을 목표로 하고 있다. 2018년부터 개발에 착수, 2019년 6월에는 이미 소아희귀난치성 유전질환 · 심뇌혈관질환 · 치매 등 3대 질환 관련 8개 소프트웨어로 전국 11개 병원에서 임상을 시작했다. 심뇌혈관질환의 경우 인공지능을 활용해 진단과 치료율을 크게 향상시켜 결과적으로 의료비 증가를 막고 질환으로 인한 사망률을 줄일 수 있다.

제약산업에서도 신약 개발에 활용할 수 있도록 '인공지능 신약 개발 지원센터' 설립을 추진 중이다. 인공지능은 신약 개발에서 다양한 능력을 발휘할 수 있으리라 기대된다. 일반적으로 연구원들은 한 해 약 200~300여 건의 자료를 조사하는데, 인공지능은 100만 건이 넘는 논문을 동시에 조사할 수 있다. 아울러 연구원들처럼 일일이 실험하고 검증하는 대신 시뮬레이션을 통해 약효를 빠르게 예측할 수도 있다. 신약 개발은 고려할 사항이 너무도 많고, 인체를 대상으로 하기 때문에 반복적인 실험과 검증을 거쳐야 한다. 긴 시간이 필요한 반면 빠르게 출시해야만 시장을 석권할 수 있다. 이런 문제들을 인공지능이 보완해준다면 신약 개발의 여러 난제들을 해결할 수 있을 것으로 업계는 기대하고 있다.

물론 인공지능만으로 무조건 성공할 수 있으리라고 기대해서는 안 된다. 다른 분야처럼 의료 분야에서도 인공지능과 인간의 융복합이 중요하다. 또한 인공지능이 의사를 온전히 대체할 수도 없다. 구글에서 의료 인공지능을 연구하는 릴리 펭(Lilly Peng) 프로덕트 매니저 역시 의사와 인공지능의 조합은 의료 분야 문제를 개선하는 좋은 해결책은 될 수 있지만 명확한 판단을 내리기 어려운 영역이 있기 때문에 이를 인공지능으로 완전히 대체하긴 어렵다고 말한다. 하지만 머신러닝을 통해 반복 작업을 수행하거나 의사의 판단을 돕는 좋은 도구는 될 수 있다고 했는데, 이는 데이터는 많지만 전문 지식이 적은 분야에서 머신러닝 활용도가 높기 때문이다.

인공지능은 사람에 비해 월등히 많은 데이터를 짧은 시간에 훑어보고 파악할 수 있고, 사람은 기계로만 판단할 수 없는 세밀한 부분을 살펴볼 수 있는 능력이 있다. 따라서 서로 협력을 통해 의료 서비스가 더욱 발달하게 된다면 앞으로 못 고칠 병이나 놓치고 지나칠 병은 획기적으로 줄어들 수 있을 것이다. 이것이야말로 인공지능과 사람의 긍정적인 협업의 모습일 것이다.

인공지능
무인편의점

매장에 계산대도 없고 점원도 없다면 어떨까? 불편할까, 아니면 오히려 방해받지 않고 쇼핑에 집중할 수 있어 편하다고 느낄까?

아마존은 2018년 인공지능과 센서 기술을 기반으로 무인편의점인 '아마존 고(Amazon Go)'를 열었다. 계산대가 없는 아마존 고의 이용 방법은 매우 간단하다. 우선 아마존 고 앱을 설치한 다음, 입구에서 QR코드를 스캐닝하여 입장하면 된다. 이후부터는 정말 쉽고 간단하다. 원하는 물건을 가방에 넣기만 하면 된다. 진열대에 있는 물건을 집으면 바로 아마존 고 앱의 가상 카트에 추가된다. 혹시 물건이 마음에 들지 않아 제자리에 내려놓으면 가상 카트 안에서도 사라진다. 쇼핑이 끝나면 그냥 나가면 된다. 그러면 아마존 계정에 연결된 신용카드를 기반으로 물품 대금이 결제된다. 물건을 담고 줄 서서 기다렸다가 하나하나 계산할 필요가 전혀 없는 것이다.

아마존 고(아마존, amzn.to/2haWZhx)

뉴욕타임스 기자가 이야기한 것처럼 '마치 도둑질하는 기분'일지도 모르겠지만 무엇보다 시간을 절약할 수 있어서 편리하다. 이는 아마존 고 매장 천장에 달린 100여 대의 고해상도 CCTV와 센서를 통해서 이루어진다. 센서가 부착된 카메라가 고객의 동선을 따라다니며 구매목록을 확인하는 것이다.

이런 인공지능 무인점포는 중국에도 있다. 알리바바 그룹이 선보인 '타오 카페(TAO CAFE)'가 그것이다. 알리바바 그룹이 보유한 빅데이터와 인공지능 기술이 활용된 무인편의점으로, 아마존 고와 비슷한 형태다. 타오바오 앱과 알리페이 앱만 있으면 현금이나 카드가 없어도 이용할 수 있으며, 매장 이용법도 아마존과 거의 동일하다. 타오 카페를 시작으로 중국의 많은 기업들이 무인매장을 선보이고 있는데, 베이징에 위치한 중국 제2의 전자상거래업체인 징둥의 'X무인슈퍼'는 안면인식 기술까지 더해진 매장이다. 아마존 고와 동일하게 매장에 들어가기 전에 앱을 깔고 QR코드를 활용하는데, 이때 고객의 얼굴과 QR코드를 매칭하는 작업이 이루어진다. 여기에 안면인식이 적용되는 것이다. 다음에 방문할 땐 핸드폰이 없어도 안면인식으로 출입이 가능하다. 결제는 계산 구역에서 카메라로 얼굴 사진을 찍으면 이루어진다. 이 점이 아마존 고와는 차별화된 방식이다. 첫 방문 이후부터는 안면인식 기술로 출입과 결제가 모두 가능한 것이다.

JR동일본은 2018년 10월부터 2개월간 동경 아카바네역에서 무인 매점을 시범 운영했다. 이용 방법은 아마존 고와 비슷한데, 스마트폰 앱이 아닌 일본에서 대중적으로 이용되는 '스이카(Suica)' 같은 교통 카드를 입구에서 찍고 들어갈 수 있다는 점이 다르다. 물건을 골라 담고 매장에서 나올 때 카드를 다시 한 번 더 찍으면 자동으로 계산이 끝나고 열린 문으로 나올 수 있다. 매장 천장에 설치된 20대의 카메라가 3명으로 제한한 매장 내 고객들을 정확히 구분하고 매대마다 달려 있는 6대의 카메라가 구매 물건을 촬영한다. 수차례씩 들었다 놨다를 반복하거나 엉뚱한 곳에 가져다 놓아도 구매를 위해 갖고 나온 제품을 정확하게 계산해준다. 2019년 9월 국내에서도 신세계 I&C가 계산대 없는 무인점포를 선보였다. 운영 방식은 아마존 고와 유사하다.

이런 인공지능 무인점포는 직원을 두지 않으므로 인건비가 절약되고, 24시간 운영할 수 있어 효율성도 높다는 장점이 있다. 일본은 인력난이 날로 심각해지면서 무인화가 새로운 트렌드로 자리 잡을 정도인데, 인공지능 무인점포는 이 문제를 해결할 돌파구가 될 수 있다. 미성년자는 구매할 수 없는 품목에 대한 제재라든가 사용법을 어려워하는 사용자를 위한 배려가 부족하다는 단점도 있지만 비대면 접촉을 선호하는 고객이 많은 만큼 성장 가능성이 높은 운영 방식이 아닐까 생각한다.

인공지능 자동차

운전자 없이 도로를 달리는 자동차들. 사람들은 차 안에서 업무를 보거나 자동차와 대화하면서 이동한다.

영화에서만 보고 상상만 했던 일들이 이제는 실제로 일어나고 있다. 많은 국내외 기업들이 자율주행 연구를 계속하고 있고, 이미 상당히 진전된 결과물을 선보이고 있다. 미국, 영국, 독일 등은 자율주행자동차 산업과 기술을 발전시키기 위해 국가에서 법과 제도를 제정하고 이를 통해 규제를 완화하고 안전을 위한 관리감독을 시행 중이다. 일본과 중국은 국가가 기술 가이드 및 표준을 제정해 산업과 기술 발전을 주도한다.

그렇다면 우리나라는 어떨까? 세계 5대 자동차 생산국인 중국, 미국, 독일, 일본, 한국 가운데 현재 자율주행 특허 개수에서 현대자동차는 35위라는 다소 충격적인 보도가 나왔다(2018년). 특허기술을 중심

으로 평가할 때 구글의 웨이
모(Waymo)가 1위, 토요타가
2위, 그 다음으로 GM과 포
드의 순서다. 많은 기업들이
이미 자율주행자동차를 연구
해왔고 실제 자율주행이 가

웨이모(웨이모 홈페이지, waymo.com)

능한 자동차들을 속속 선보이고 있는 반면 우리나라는 너무 뒤처진 것
은 아닌지 걱정이다.

국제자동차기술자협회에 따른 기술 수준 단계는 0단계부터 5단계
로 이루어진다. 0단계는 자율주행이 불가한 상태이고, 1단계는 모든
기능은 운전자가 제어하지만 편의를 위해 특정 기능이 자동화된 상태
다. 2단계, 3단계, 4단계 순으로 부분 자동화, 조건부 자동화, 고도 자
동화가 이루어지는데, 현재 구글과 테슬라의 자율주행자동차들이 스
스로 안전한 주행이 가능한 4단계에 해당한다. 마지막 5단계는 사람의
개입이 전혀 필요 없고, 자동차와 대화를 나누며 완벽한 자율주행이
가능한 단계다. 2018년 12월 1일에는 구글의 자율주행자동차 자회사
인 웨이모가 최초로 무인자동차 운행을 실시했다. 미국 캘리포니아 주
에서 시범 운행 허가를 받고 공공도로에서 1600킬로미터 이상을 달렸
다. 자율주행 시스템은 112억 킬로미터가량을 모의 훈련했다.

중국도 끊임없이 자율주행자동차를 연구하고 있다. 그 중심에 중
국 최대 IT 기업인 바이두가 있다. 2017년에 시작한 아폴로 프로젝트
(Apollo Project)는 바이두가 주도하는 자율주행자동차 연구 사업이

다. 바이두는 2017년 차세대 주력 사업 중 하나로 자율주행자동차를 선정했는데, 이 기술을 소프트웨어 플랫폼 형태로 파트너사에 적용하고 파트너의 자율주행 데이터를 활용해 기술을 개발하고 보완한다. 이렇게 여러 단계를 거치며 진화를 거듭한 프로젝트는 2018년 초에 시범 구간에서만 자율주행이 가능한 아폴로 2.0을 출시했고, 1년 만인 2019년 1월에는 아폴로 3.5를 선보였다. 복잡한 도시의 좁은 차선이나 신호등이 없는 주택가에서도 주행이 가능해진 것이다. 아폴로 플랫폼 연구개발 책임자인 왕징아오의 말처럼 아폴로는 베테랑 운전사가 된 것이다.

2019년 1월, 바이두는 자율주행 솔루션인 '아폴로 엔터프라이즈(Apollo Enterprise)'도 함께 발표했다. 이는 전 세계 자동차 기업을 대상으로 이동 서비스의 지능화, 네트워크화, 자율주행과 내비게이션을 결합한 솔루션을 제공한다. 스마트 자동차를 기획 중인 기업들은 이 아폴로 엔터프라이즈를 통해 자율주행차량 양산에 속도를 낼 수 있게 된 것이다.

인공지능 배달

    자율주행자동차의 발달은 단순히 무인으로 달리는 자동차의 편리성에서 끝나지 않는다. 미국에서는 자율주행자동차로 배달 서비스를 시작했다. 슈퍼마켓 체인인 크로거(Kroger)는 애리조나에서 2018년 8월부터 식료품과 잡화 등 배송을 위한 자율주행자동차를 시험 운행 중에 있다. 스타트업 뉴로(Nuro)가 개발한 자율주행자동차 R1은 냉동과 냉장이 가능한 식료품 탑재 공간 2개로 구성되어 있고, 113킬로그램까지 탑재가 가능하다고 한다. 게다가 일반 승용차의 절반 크기로 좁은 골목에서도 자유롭게 이동할 수 있다. 스마트폰 앱을 통해 주문하면 크로거에서 뉴로가 주문상품을 배달하고, 소비자는 집 앞 도로에서 물건을 받는다. 월마트도 유델브(Udelv)의 자율주행자동차를 활용하여 식료품을 배달하는 프로그램을 추진 중에 있다. 유델브는 미국의 전기차 스타트업으로, 자율주행 배달 사업을 추진해온 기업이다. 이미

딜리

아마존 스카우트(아마존, bit.ly/2UbVFtX)

2018년 1월 캘리포니아의 드래거스 마켓(Draeger's Market)과도 식료품 배달을 진행한 바 있다.

자율주행 기술은 적용 대상이 자동차에만 그치지 않는다. 이를 로봇에 적용해 배달 서비스를 하는 기업들이 있다. 국내에는 배달의민족이 있다. 배달의민족이 2017년 7월부터 개발 중이던 '딜리(Dilly)'가 바로 그것이다. 딜리는 '맛있다(delicious)'와 '배달(delivery)'의 합성어로 '맛있는 음식을 배달해준다'는 의미를 담고 있다. 로봇 전문가 정우진 교수와 협업해 만든 배달 로봇 딜리는 딜리 플레이트와는 다른 모습이다. 가로 67.3센티미터, 세로 76.8센티미터, 높이 82.7센티미터의 둥글둥글한 모습을 하고 있다. 그 속에 3칸을 나누어 각각의 칸에 음식을 넣고 배달한다. 시제품 단계에서의 테스트는 푸드 코트에서 할 예정이며, 앞으로 음식점에서 고객의 집까지 로봇이 배달하는 것을 목표로 삼고 있다. 아마존도 판매 상품을 배달할 용도로 자율주행 기술을 접목시킨 배달 로봇 '아마존 스카우트(Scout)'를 선보이는데, 워싱턴 주에서 실험할 예정이다. 6개의 바퀴를 단, 소형 냉장고와 비슷한 모습을 한 스카우트는 현재는 인간 감독관이 붙어서 테스트 중에 있다. 이동 속도는 사람의 보행 속도와 비슷하며 도로가 아닌 인도를 통해 물건을 배송하게 된다고 한다.

앞으로는 대부분의 산업이 인공지능과 밀접하게 연결될 것이다. 그리고 그 영향력은 기존의 인터넷이 산업에 미친 영향과는 비교할 수 없을 정도로 막강할 것이다.

인터넷은 에피타이저, 인공지능이 진짜 메인 요리
(互聯網是前菜, 人工智能才是主菜)
—리옌훙(李彦宏), 바이두 창업자 겸 CEO

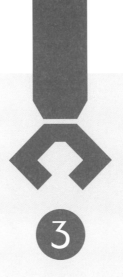

3

사람은 없어도
괜찮다?

4차 산업혁명 시대에 인공지능은 어디에나 붙여 쓸 수 있는 흔한 접두사가 되었다. 인공지능 비서, 인공지능 작가, 인공지능 화가 등 여러 직업에도 붙일 수 있다. 이렇게 인공지능이 두루 접목되면서 공포와 두려움을 느끼게 하는 사례들이 하루가 다르게 소개된다. 그렇다면 이런 상황에서 어떤 자세를 취해야 할까.

이제는 인공지능과 사람을 구분하기가 어려워졌고, 인공지능은 사람이 하는 일을 도와주던 것에서 더 나아가 이제는 온전히 제 몫을 해내고 있다. 과연 인공지능의 능력은 어디까지일까.

인공지능
아나운서

2018년 11월, 중국의 관영 통신사인 신화통신에 세계 최초로 인공지능 아나운서가 등장했다. 신화통신에 근무하는 두 아나운서의 모습과 목소리를 모델로 한 인공지능 아나운서는 딥러닝을 통해 입 모양부터 목소리와 표정까지 자연스럽게 실제 대상을 따라 한다. 이로써 신화통신은 지치지 않고, 쉴 필요도 없고, 실수도 없는 앵커를 섭외하게 된 것이다. 기존 아나운서들이 방송하기 곤란한 상황, 예를 들어 밤늦은 시간이나 꼭두새벽에도 가동할 수 있는 대체 인력을 갖춘 셈이다.

인공지능 아나운서를 통해 새로운 가능성을 발견한 신화통신은 1년 후 더욱 업그레이드 된 인공지능 아나운서를 선보인다. 기존의 인공지능 아나운서는 자리에 앉아 표정만 변화하는 반면, 새롭게 선보이는 아나운서는 서 있는 상태에서 몸과 손을 움직이며 뉴스를 진행한다. 사람의 모습에 더 가깝게, 자연스럽게 진화한 것이다.

신화통신 인공지능 아나운서

여성 인공지능 아나운서도 함께 소개됐다. 마찬가지로 실제 신화통신 아나운서의 모습을 본떠 제작된 이번 모델은 뉴스를 진행하고 있는 여성이 사람인지 인공지능인지 구별하기 어려울 정도로 자연스럽다. 방송 화면 상단에 'AI 합성 앵커'라는 자막이 없다면 누구나 사람이라 믿을 정도다.

인공지능이 인간을 대신하는 영역이 점점 더 넓어지고 있다. 사람이 물리적으로 일할 수 없는 상황에서 인공지능은 그 자리를 대신할 수 있다. 어쩌면 여기서부터 많은 사람들이 염려하는 상황이 시작될지 모른다. 처음에는 부족한 점을 대체하기 위해 필요했지만, 어느 순간에 이르면 인간은 전혀 필요하지 않고 모든 부분에서 인공지능이 그 자리를 차지하는 그런 상황 말이다. 더 무서운 것은 아무도 인간과 인공지능의 차이를 구분하지 못해 인간을 대신하고 있는 실체를 알아차릴 수 없다는 점이다.

인공지능 화가

17세기 네덜란드 화가 렘브란트가 그린 것으로 보이는 한 점의 그림이 있다. 그림 속 인물의 의상이 렘브란트 그림의 주인공들과 닮았다. 캔버스의 가운데에만 그림이 있고 바깥쪽은 덧칠이 되어 있지 않다. 〈에드몽 드 벨라미(Edmond de Belamy)의 초상화〉라는 제목의 이 그림은 2018년 10월 25일 세계 3대 경매사 중 하나인 크리스티가 뉴욕에서 진행한 경매에서 앤디 워홀과 로이 리히텐슈타인의 작품 낙찰가를 합친 것의 2배 금액인 43만 2500달러에 낙찰되었다. 과연 렘브란트의 숨겨진 그림이어서 이렇게 높은 금액에 낙찰된 것일까?

흥미로운 것은 그림의 오른쪽 아래 낙관이었다. 대부분 화가들은 자기 이름을 그림의 한쪽 끝에 남겨놓는다. 그런데 이 그림에는 렘브란트의 낙관 대신 알 수 없는 수학 공식이 적혀 있었다. 화가가 아닌 인공지능의 작품이었기 때문에 낙관 대신 그림을 그린 인공지능의 알고

에드몽 드 벨라미의 초상화

리즘을 넣어둔 것이다. 이는 파리의 예술공학단체 오비우스(Obvious)의 프로그래머들이 개발한 것으로, 14~20세기의 그림 1만 5천여 작품을 학습한 끝에 이 그림을 그려냈다고 한다. 이 학습에는 상호 경쟁 방식의 '생성적 대립 신경망(GAN, Generative Adversarial Network)' 기술이 사용되었다. 쉽게 말하자면, 어떤 단어를 제시하고 그것을 그림으로 그려보라고 했을 때 사람들의 경우 자신만의 상상력으로 서로 다른 그림을 그려내듯, 인공지능 또한 스스로 학습한 결과에 해당하는 이미지를 그려내는 것이다.

이 방식은 2014년에 처음 등장했는데, 객체에 대한 개념을 이해한 인공지능은 사람의 개입 없이 실제와 똑같이 그려내게 된다. 인공지능을 구현하는 머신러닝은 사람이 데이터를 제공하고, 이에 대한 학습 결과도 사람이 확인한다. 그러나 GAN의 경우는 다르다. 대립 쌍을 이루는 두 개의 네트워크가 서로 상호 대립 과정에서 훈련 목표를 자동으로 생성하고 학습시킨다. 즉, 인공지능 스스로가 반복적으로 평가하고 수정하며 데이터 자체에서 정보와 지식을 얻는다고 할 수 있다. 그러므로 경매에서 거액에 낙찰된 그림도 사람의 개입보다는 인공지능이 그린 그림으로 보는 것이 맞을 것이다. 이에 대해서는 아직도 많은 이견이 있기는 하다. 인공지능이 그린 그림을 과연 창의적인 것으로 볼 것인가, 아니면 단순히 로봇이 그린 그림으로 볼 것인가? 과연 그렇다면 이 그림을 낙찰받은 사람은 어떠한 이유로 그렇게 큰돈을 지불한 것일까?

렘브란트는 인공지능과 친숙한 화가인 것 같다. 렘브란트로 오해할 만한 오비우스의 그림과는 달리 아예 렘브란트의 화풍을 그대로 살려낸 '더 넥스트 렘브란트(The Next Rembrandt)'도 등장했기 때문이다. 인공지능 화가인 더 넥스트 렘브란트는 마이크로소프트와 렘브란트 미술관, 네덜란드의 과학자들이 개발한 안면인식 기술을 활용하는데, 렘브란트의 작품 분석을 통해 얻은 데이터를 토대로 그가 자주 사용한 구도, 색감, 유화의 질감까지 그대로 살려 3D 프린팅으로 그림을 그려낸다. 렘브란트가 활용했던 붓질, 비례와 음영 기법뿐 아니라 물감을 아낌없이 사용하는 화가로 유명했던 그만의 특성까지 그대로 느낄 수 있다. 여기에 딥러닝 기능으로 스스로 데이터를 쌓고 학습하며 원하는 형태의 그림을 그린다. 이를 통해 이 인공지능 화가는 렘브란트가 그렸던 수많은 40대 남성의 평균치인 한 남자의 초상화를 그려낸다. 그리하여 이 그림은 2016년 세상을 놀라게 한 그림이 되었다.

여기서도 '과연 이 그림을 어떻게 볼 것인가' 하는 문제가 대두된다. 단순히 인공지능이 화가의 화풍을 그대로 따라한 복제품이라고 여길 것인가? 그렇게만 보기에는 지금까지 세상에 존재하지 않았던 새로운 그림이다. 하나의 창작물인 것이다. 모자를 쓰고 흰 깃이 달린 검은색 옷을 입은, 수염 난 40대 백인 남성을 그린 것도, 그의 얼굴이 오른쪽을 향하고 있도록 결정한 것도 인공지능이다. 딥러닝 알고리즘이 렘브란트의 대표작 346점을 분석하고 그 주제와 스타일을 모방한 결과다. 이렇게 본다면 이 그림은 새로운 창작물이지 않을까?

유명 작가의 화풍을 그대로 따라 하며 창작 활동을 하는 인공지능은 이외에도 구글의 딥드림(Deep Dream)이 있다. 구글의 인공지능 화가 플랫폼인 딥드림은 특정 이미지를 입력하면 그 이미지를 재해석하여 반 고흐의 화풍으로 그려준다. 결과물이 마치 꿈을 꾸는 듯한 추상적인 이미지를 닮았다고 하여 그 이름도 딥드림이다. 대상에 제한이 없어 내 사진을 업로드해 딥드림이 재해석한 고흐풍의 작품을 얻을 수도 있다. 2016년 3월 미국 샌프란시스코에서는 딥드림을 통해 그려진 29점의 그림을 소개하는 전시회도 열렸다. 이렇게 창조적인 작품 활동이 가능했던 것은 딥드림이 수백만 개의 이미지를 소화하고 학습하여 이를 시각적 패턴으로 새롭게 창조할 수 있었기 때문이다.

인공지능
패션 디자이너

미국의 대표적인 캐주얼 브랜드 타미 힐피거(Tommy Hilfiger)는 IT 기술을 패션에 접목시키는 것을 자연스럽게 생각한다. 이미 IT 기술을 접목시키는 다양한 시도를 해왔고, 2014년에는 스마트폰과 태블릿 PC 등을 충전할 수 있는 재킷을 선보여 완판을 기록하기도 했다. 이제는 인공지능을 패션과 결합시키려고 시도하고 있다.

세계 5대 패션 전문대학 중 하나인 뉴욕패션기술대학교(FIT)와 IBM이 함께 추진 중인 '리이매진 리테일(Reimagine Retail)'이라는 프로젝트가 그것이다. 타미 힐피거는 이 프로젝트를 통해 4차 산업혁명 시대를 맞이하는 패션업계 리더들이 인공지능을 디자인 창작 과정에 도입해보고 새로운 디자인적 영감을 얻기를 바라고 있다. IBM 왓슨의 내추럴 랭귀지 언더스탠딩(Natural Language Understanding, NLU), 컴퓨터 비전(Computer Vision), 패션 데이터를 전문적으로 훈련한 딥

타미 힐피거(IBM 코리아 블로그,
bit.ly/2Af3ZBX)

러닝 기술을 활용하여 제품과 패션쇼 이미지 수천 장을 분석한다. 이를 통해 IBM 왓슨은 디자인적 통찰과 트렌드를 통합시켜 새로운 디자인을 창안하는 것이다.

아울러 SNS 데이터를 분석해 소비자의 성향과 트렌드를 분석하고 예측한다. 이를 통해 타미 힐피거는 감정에 따라 색상이 바뀌는 섬유로 제작한 체크 무늬 테크 재킷, 햇빛에 노출되면 색이 변하는 실로 만든 솔라 액티브(Solar Active) 드레스, 입는 사람의 성향을 반영하는 아바타(Avatar) 재킷 등을 디자인했다.

이렇게 인공지능이 패션 디자인까지 영역을 넓힌 사례는 국내에도 등장했다. 독특한 콘셉트로 알려진 스티브제이 & 요니피 디자이너 브랜드인 SJYP와 스타트업 기업의 협업으로 만들어진 '디노 후드티'가 그러하다. SJYP가 보유한 브랜드 로고와 캐릭터, 디자인 콘셉트 이미지 등 33만여 장 정도의 빅데이터를 인공지능이 학습하여 스타일과 콘텐츠를 분석하고 색상, 모양, 패턴 등으로 인식한다. 그렇게 만들어진 디자인 콘셉트를 디자이너에게 제시한 후 의견을 나누면서 인공지능에 재반영한다. 인공지능과 디자이너가 의견을 주고받으며 새로운 디자인을 만들어내는 셈이다. 디자이너가 한계를 느끼던 콘셉트에 인공지능이 새로운 시안을 제시하고, 이를 다시 테스트해보며 브랜드 정체

성에 맞는 디자인 콘셉트를 만들어나가는 것인데, 인공지능이 순식간에 다양한 제안을 하고 이를 받아 또다시 새로운 시안을 제안하다보니 디자이너 혼자 작업할 때에 비하면 테스트 시간이 확연히 줄어드는 장점이 있다고 한다.

인공지능 작가

인공지능은 그림을 그릴 뿐만 아니라 글도 쓴다. 2016년 6월 영국에서 개최된 공상과학영화제 '사이파이 런던영화제(SciFi London Film Festival)'에 출품된 단편영화 〈선스프링(Sunspring)〉은 시나리오 작가가 인공지능 벤저민(Benjamin)이다. 영화는 9분 내외로, 우주정거장의 한 사무실에서 두 남자와 한 여자의 삼각관계에서 벌어지는 갈등을 그리고 있다. 영화는 같은 부분에 출품된 180여 작품 중에서 10위권에 들 정도로 인정을 받았다. 영화를 만든 오스카 샤프(Oscar Sharp) 감독과 뉴욕대에서 인공지능 기술을 연구하는 로스 굿윈(Ross Goodwin)이 인공지능 시나리오 작가를 만들었다.

벤저민은 시나리오를 쓰기 위해 1980년~1990년대 영화 수십 편과 드라마 시리즈의 시나리오를 분석했다. 이후 벤저민은 스스로 학습한 정보를 바탕으로 시나리오를 작성하기 시작했는데, 배우들의 대사

뿐 아니라 배경 음악, 배경 장면까지 써냈다. 이에 대한 평가는 극단적으로 갈렸다. 공상과학영화이긴 하지만 대사와 구성이 모호해서 이해하기 어렵다는 평도 있었던 반면, 오히려 일반적인 영화와는 다른 매력을 느낄 수 있었다는 관람 후기도 있었다. 예를 들면 "돈을 확인해보자"라고 남자가 말한 뒤 자연히 뒤따라야 할 돈을 확인하는 장면 대신 다른 배우의 입 안에서 눈동자를 꺼내는 장면 같은 것은 문맥의 앞뒤가 맞지 않아 이해가 쉽지 않다.

벤저민의 창작 활동은 여기에 그치지 않고 2017년 4월에는 새로운 공상과학영화를 선보였다. 할리우드 시나리오 작가들의 파업이 한창인 상황에서 인공지능 나노 로봇이 등장한다. 이 로봇은 인간들의 머리에 침투하고 그중 감염된 시나리오 작가가 인공지능 로봇의 생각을 전달한다. 그리하여 결국에는 시나리오 작가가 인공지능 알고리즘으로 대체된다는 내용을 담은 〈잇츠 노 게임(It's No Game)〉이 바로 그 영화다. 한 장면으로 끝나는 그림과는 달리 시나리오는 연속적으로 여러 그림이 등장하며 그 사이를 연결하는 스토리도 존재하게 된다. 따라서 개연성이 중요한데, 아직은 인공지능이 그것을 제대로 구현해내지 못한다는 것이 중평이다. 공상과학영화 분야에서만 인공지능 작가가 등장한 것도 그래서일 것이다.

하지만 이와 반대로 인공지능이 너무 글을 잘 쓰는 바람에 오히려 비공개를 결정한 사례도 있다. 인공지능을 우려하는 일론 머스크 등이 세운 인공지능 연구소인 '오픈AI(OpenAI)'가 개발한 글짓기 인공지능이 바로 그것이다. 글짓기 인공지능인 'GPT-2'는 기사, 학교 과제 등 모든 분야의 글짓기가 가능하다. 무려 800만 개의 인터넷 페이지 속 15억 개 단어를 학습한 GPT-2는 사용자가 특정 문장을 넣으면 그와 자연스럽게 연결되는 문장을 논리 정연하게 만들어낸다. 이는 '책 한 페이지 분량을 어색하지 않게 만들어낼 정도'이며 '인간과 유사한 수준'이라고 한다. GPT-2의 글쓰기 실력은 오픈AI 홈페이지에서 확인할 수 있는데, 기존 소설 중 한 문장을 넣으면 원작 소설에는 없는 새로운 문장을 만들어낸다. 물론 그 문장은 전체적으로 작품 분위기와 유사한 것들로 이루어진다.

이처럼 능력이 너무 출중해 이를 악용할 여지가 있다 하여 원천 기술을 비공개하기로 결정한 것이다. 모든 연구 결과와 기술을 무료로 공유해온 오픈AI의 첫 비공개 사례다. 바야흐로 인공지능이 인간을 위협할 정도로 발전하고 있음을 증명하는 사례가 아닐까. 하지만 한편으론 비공개가 옳은 것만은 아니라는 생각도 든다.

인공지능
작곡가

프랑스에서 작곡가, 출판사, 작사가 등 음악인 관련 저작권자의 권리를 지키는 단체인 음악저작권협회(SACEM)가 인정한 최초의 가상 아티스트가 있다. 그는 몇 시간 만에 완성도 높은 곡을 완성하고, 전문 연주자들이 그 악보를 보고 연주한다. 그렇게 완성된 음악은 비디오 게임, 광고, 영화 및 기타 엔터테인먼트의 사운드 트랙으로 활용된다.

룩셈부르크에 본사를 둔 아이바 테크놀로지(Aiva Technologies SARL)가 개발한 인공지능 작곡가 아이바(AIVA) 이야기다. 음악 구성 기술을 배운 아이바는 바흐, 베토벤, 모차르트 등 유명 작곡가의 데이터를 학습하여 자신만의 이론을 정립해 작곡할 수 있다. 인공지능이 글을 쓰고 그림을 그리는 것도 모자라 이제는 작곡까지도 하게 된 것이다.

인공지능 작곡가는 아이바 외에도 많이 소개된 바 있다. 2017년에는 대전 예술의전당에서 인공지능이 작곡하고 대전시립교향악단이 연주한 '4차 산업혁명 특별시 대전 기념 음악회'가 열리기도 했다. 실제로 책자에는 인공지능 작곡가 에밀리 하월(Emily Howell)이 소개되었다. 1990년대 미국 UC 산타크루즈 대학의 데이비드 코프(David Cope) 교수가 개발한 인공지능 작곡가인 에밀리 하월은 코프 교수가 1981년에 개발한 제1세대 컴퓨터 프로그램 에미(Emmy)의 후속이다. 에미는 작곡가들의 공통 스타일을 분석하고 분석된 소스를 데이터베이스화하여 작품을 만들었다. 이런 식으로 가상의 모차르트, 비발디, 베토벤과 라흐마니노프 풍의 작품을 만들 수 있었다.

에밀리 하월은 에미에 구축된 데이터베이스를 기반으로 작곡한다. 그렇게 작곡한 〈유년기의 끝〉을 세계 최초로 대전시립교향악단과 연주한 것이다. 흥미로운 것은 다른 인공지능 작가나 화가 등의 창작가들과 달리 인공지능 작곡가는 사람과의 협업이 당연하고 꼭 필요하다는 점이다. 작곡가는 음악을 만들기만 할 뿐 실제 연주하지는 못하기 때문이다. 따라서 인공지능이 작곡한 음악을 사람이 연주하여 들려주는 협업이 이루어질 수밖에 없다. 특히 인공지능 작곡가의 경우 앞의 두 사례를 제외하고도 많은 작곡가들이 존재하는데, 실제 전문 작곡가들처럼 각기 다른 자신만의 스타일을 가지고 있다. 어떤 데이터를 바탕으로 학습했느냐에 따라 음악의 스타일도 달라지는 것이다. 이렇게 본다면 그들이 만든 음악도 엄연한 창작물로 인정하는 것이 당연한 일이겠다.

인공지능 선생님

　과연 미래의 교실 모습은 어떨까? 교단에는 선생님이 보이지 않고, 대신 모니터에 인공지능 선생님이 등장할까? 아이들은 인공지능 담임 선생님에게 옆 친구가 괴롭혔다고 이르고, 그러면 인공지능 선생님은 어떤 식으로든 해결책을 내놓을까?

　아직은 먼 미래의 모습일 것 같지만 국내에서는 이미 2016년 동국대 교육학과가 한겨레신문과 공동으로 설문조사를 실시한 적이 있다. 초·중·고 학생들을 대상으로 미래에는 인공지능 선생님이 인간 선생님을 대신할 수 있을 것인지를 물었더니, 초등학생은 50.2퍼센트, 중학생과 고등학생은 각각 30.9퍼센트, 33.5퍼센트가 그럴 수 있겠다고 대답했다. 나이가 어릴수록 인공지능 교사에 대한 거부감이 없고, 선생님이 꼭 사람일 필요는 없다고 여기는 것으로 보인다. 아무래도 인공지능시대를 자연스럽게 받아들이고 있기에 가능한 대답이 아닐까.

인공지능이 담임이 된다면 선생님에게 높임말을 사용하고 시키는 숙제를 하겠다고 대답한 비율이 70퍼센트에 이른다는 점도 흥미롭다. 인공지능을 인격으로 인정하고 가르침을 받겠다는 마음일 것이다. 어쩌면 어린아이들에게 인공지능 교사란 지금 온라인 강좌를 통해 만나는 선생님과 별반 다르지 않은지도 모르겠다.

이렇듯 자연스럽게 인공지능 교사를 받아들이게 된다면 인공지능과 함께 살아가고 감정을 교류하는 미래의 삶도 지극히 자연스러워지지 않을까? 실제 일본에서는 로봇을 초등학교 영어 교사로 활용하고 있다. 2019년 4월부터 일본 교육부는 전국 500여 개 학교에서 시범 프로젝트를 진행할 계획이다. 원어민 교사 채용 예산이 부족하여 영어 말하기 로봇으로 대체하겠다는 전략이다. 이미 일본은 2009년에 세계 최초로 로봇 교사를 교단에 세운 바 있다. 바로 '사야(Saya)'이다.

미래의 교실에는 로봇과 인공지능이 선생님뿐 아니라 함께 수업을 듣고 어울리는 친구의 모습으로도 나타날 수 있다. 이미 호주 애들레이드에 있는 세인트 피터스 여학교 유치원에는 아이들과 함께 요가를 하고 코딩도 배우는 로봇 친구가 있다. 소프트뱅크사의 휴머노이드 로봇 '나오(NAO)'다. 58센티미터의 키에 친근한 모습의 나오는 유치원에서 아이들이 참여하는

나오(소프트뱅크 로보틱스 홈페이지,
www.softbankrobotics.com/us/NAO)

모든 시간을 함께한다. 세계 최초로 2~5세 교육에 휴머노이드 로봇을 활용하는 특별한 사례라고 한다. 여러 나라에서 로봇을 교육에 활용하고 있지만 유치원에서, 그것도 소프트웨어나 로봇공학 수업같은 특정 교과에 국한하지 않고 전반적인 교육 활동에 활용하는 사례는 드물다. 모든 시간에 자연스럽게 로봇이 함께하고 있으니 아이들에게 로봇은 친구처럼 소통하는 존재이자 공존하는 대상이 된다. 기계나 장난감이 아닌, 같은 반 친구인 것이다. 어린아이들이 더 편하게 로봇을 대하는 것은 아마도 그만큼 편견이 없어서일 것이다.

인공지능 수사관

중국의 한 TV 프로그램이 수백 명의 군중 속에서 중국 공안(우리의 경찰)과 인공지능 중 누가 범죄자를 빨리 찾아내는지 경쟁을 붙인 적이 있다. 결과는 인공지능의 압도적 완승이었다. 실제로 중국 공안은 인공지능 안면인식 기술을 활용해 5만 명이 운집한 홍콩 가수 장쉐유의 콘서트장에서 수배 중이던 범인 8명을 체포한 바 있다. 센스타임(SenseTime)이 바로 그 주인공이다.

인공지능을 접목한 안면인식 기술을 선보인 스타트업 센스타임은 2014년 6월에 홍콩에서 설립되었다. 현재 샤오미, 화웨이 등 700곳 이상의 기업들을 고객사로 두고 있는데, 그중 중국 정부도 중요한 고객사다. 주목할 것은 중국의 안면인식 인공지능 기술 자체보다는 그 비약적인 발전의 배경인 국가 차원의 지원이다. 센스타임은 회사가 설립된 지 6개월이 지난 시점부터 중국으로부터 지원 및 기술 협력 제안이

들어왔다고 한다. 안면인식 기술이 치안 유지에 도움이 되는 영역이라 여긴 중국은 이를 위한 투자를 계획하고 있었던 것이다.

중국은 전 세계 어느 국가보다 인공지능에 투자를 아끼지 않는 나라이기도 하다. 이 때문에 안면인식 부분에서만큼은 중국이 미국보다 월등히 앞서 있다. 이는 뛰어난 인공지능 알고리즘과 함께 14억 인구를 기반으로 하는 방대한 데이터의 힘이기도 하다. 이를 바탕으로 중국은 베이징, 상하이, 광저우 등 주요 도시 기차역에 안면인식 검표 시스템을 전면 도입하기로 했다. 개찰구에서 역무원이 신분증과 기차표를 대조하던 방식에서 이제는 얼굴을 스캔하여 3초 만에 신분을 확인하는 것이다. 2019년 10월에는 새로 개통하는 베이징 신공항에서도 인공지능 안면인식 시스템이 본격 사용될 예정이라고 한다.

국내에서도 안면인식을 통해 CCTV 속 특정 인물을 찾아주는 서비스가 출시됐다. 이 서비스는 CCTV 영상 파일 속에 등장하는 모든 사람들을 인식하고 분석하여 검색 대상과의 얼굴 유사도 점수를 1퍼센트 단위까지 비교할 수 있다. 이로써 쇼핑몰처럼 사람들이 밀집된 곳에서 미아가 발생하면 CCTV 관제 요원이 영상을 일일이 돌려 봐야 했던 수고로움을 덜 수 있게 되었다. 아울러 치매환자나 범죄 용의자를 찾는 데도 활용이 가능하다.

안면인식으로 사람을 찾는 데서 한 걸음 더 나아가 오래전 실종된 사람의 사진을 기반으로 시간이 흘러 변한 모습을 추정하는 것도 가능하다. 이를 위해 수만 명의 한국인 얼굴을 학습시켰고, 실종된 아동의 경우에는 부모 유전자에 비만 형질이 있으면 실종 당시보다 살이 찐

모습으로 추정할 수 있도록 연구를 거듭하고 있다. 그저 어릴 때 모습의 사진으로만 실종 아동을 찾는 것에서 나아가 이제는 현재 예상되는 외모를 좀 더 기술적으로 구현하게 된 것이다.

인공지능과
대마 재배

최근 대마초를 합법화한 캐나다에 이어 미국도 캘리포니아 주 등이 대마초를 허용했다. 이렇게 대마초를 합법화한 국가가 30개를 넘어섰고, 수십 년간 수백억 달러 규모로 성장할 것으로 관측될 만큼 대마초는 미래 성장 산업 중 하나로 꼽히고 있다. 여기에 인공지능 기술이 더해지면 전 세계 대마 시장이 어떻게 바뀔지 관심이 커지고 있다.

2018년 10월에 대마가 합법화된 캐나다에서는 브레인그리드라는 기업이 대마 재배에 필요한 전력 소비량과 온도와 습도 등을 제어하고 감시할 수 있는 시스템을 제공한다고 한다. 실내 재배와 관련된 기술에 관심이 높아진 것이다.

우리로선 불법인 대마 재배가 의아하지만 이를 대마가 아닌 농작물이라고 생각하면 어떨까. 이미 우리도 스마트팜(smart farm)에 대한 관심이 높다. 1세대가 정보통신기술(ICT)을 활용한 설비 자동화와

스마트팜

원격제어에 중점을 두었다면 2세대 스마트팜은 인공지능과 데이터에 주목하고 있다. 다양한 생육 정보와 개별 농장의 재배 환경 데이터를 수집하면 인공지능이 딥러닝을 통해 학습한다. 이것으로 인공지능이 스스로 농사를 짓는다면 더욱 놀랍겠지만, 아직은 농업인들이 최적의 의사결정을 할 수 있도록 인공지능 방식으로 분석한 정보를 농가에 제공하는 정도다. 물론 머지않아 인공지능이 직접 농사를 짓는 날이 올 테지만.

인공지능과
종교

    중국의 룽취안쓰(龍泉寺)라는 절에는 로봇스님이 있다. 노란색 승복에 키는 60센티미터 정도, 동자승 모습인 이 로봇의 이름은 셴얼(賢二)이다. 어수룩한 모습의 셴얼은 사람들이 편안하고 친근한 감정을 느낄 수 있도록 개발되었다고 한다. 이는 룽취안쓰가 셴얼을 개발한 이유와도 연관이 있다. 점점 사찰을 찾지 않는 젊은이들이 불교를 친근하게 느낄 수 있도록 하자는 취지였다. 주지 스님의 이런 의지로 셴얼은 2005년 세상에 등장할 수 있었고, 당시 베이징 로봇 대회를 비롯하여 수많은 행사에 참여하며 큰 인기를 모았다.

    셴얼이 관심받고 인기를 끌게 된 것은 친근한 겉모습 때문만은 아니다. 이 로봇스님은 염불을 하거나 교리도 알려주고, 사람들의 간단한 질문에 답을 주기도 한다. "나는 행복하지 않아요"라는 말에 "내가 행복하지 않으면 다른 사람이 무엇을 해줄 수 있겠니?"라고 대답하고,

"죽고 싶어요"라고 말하면 "이 세상에서 자신이 가장 불행하다고 생각하지 마"라며 위로의 말을 건네기도 한다. 로봇이라고 만만하게 볼 것이 아니다. 좀 더 인간적인 모습으로 보이는 3세대 로봇스님 개발을 앞두고 있다고 한다. 중국 IT 산업을 대표하는 기업들이 서로 제휴해 인공지능과 머신러닝 기능이 탑재된 로봇스님을 개발하기로 한 것이다. 과연 고도의 인공지능이 결합된 로봇스님은 어떤 모습일까?

일본에서도 중국과 비슷하게 인공지능으로 무장한 로봇스님이 등장했다. 바로 소프트뱅크의 휴머노이드 '페퍼'에게 승복을 입혀 불교 경전을 프로그래밍해 입력하고, 독경이나 염불도 할 수 있는 기능을 내장한 것이다. 로봇스님 페퍼는 사찰의 장례식에 도입된 것인데, 일본은 장례비가 엄청나게 비싸서 이를 해결할 방안을 고민한 끝에 등장하게 되었다고 한다. 페퍼 로봇스님은 장례식장에서 독경을 하고 노래도 한다. 납골묘에서는 유골함을 꺼내 제단에 올려놓으며 의식을 집전하기도 한다. 중국과 일본의 두 로봇스님은 겉모습은 다르지만 나름대로 스님의 역할을 충분히 해내고 있다.

인공지능이 종교와 결합되는 사례는 이뿐만이 아니다. 독일 비

셴얼

승복을 입은 페퍼

텐베르크에 등장한 로봇목사도
있다. 종교개혁의 본고장인 이곳
에서 루터의 종교개혁 500주년을
맞이하여 등장하게 된 로봇목사
블레스유2(BlessU-2)이다. 셴얼

블레스유2

이나 페퍼처럼 사람을 닮기보다
는 투박해 보이는 겉모습인데, 가슴에 있는 터치스크린을 통해 영어,
독일어, 프랑스어, 스페인어, 폴란드어 중 하나를 선택하고 성별도 선
택해서 원하는 성경 구절을 들을 수 있다. 인간이 기계에게 축복받게
되는 것이다. 상상만 했던 모습들이 인공지능시대에 현실로 나타나고
있는 것이다.

　　종교조차도 로봇과 인공지능, 그리고 인간의 경계가 모호해지고
있다. 앞으로는 인간에게만 국한된 분야라는 것은 점점 더 사라지지
않을까? 그렇다면 우리는 더욱더 인공지능과의 공생을 고민해야 하지
않겠는가.

　　100여 년 전 전기에 의해 산업혁명이 일어났듯, 이제는 인공지능에
의해 모든 산업이 바뀔 것이다. 그러므로 이 시대의 인공지능은 새로
운 전기와도 같다. 전기가 없으면 아무것도 할 수 없듯이 인공지능 없
이 돌아갈 수 있는 분야는 거의 없어질 것이다.

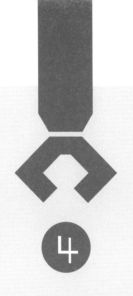

4

인공지능의 한계는
어디까지인가

인공지능이 등장함으로써 인간의 일자리를 빼앗거나 로봇으로 대체되는 일만 생겨나는 것은 아니다. 알게 모르게 인공지능을 다양하게 활용하고 있는 현재의 삶에서 우리는 인공지능을 통해 새로운 가치를 찾게 된다. 그리고 이것은 시장의 흐름을 변화시키는 원동력이 될 것이다. 중요도는 낮지만 많은 시간을 할애해야 했던 일을 인공지능이 대신 처리해줌으로써 얻게 되는 시간적, 노동적 가치는 또 다른 가치를 생산해낼 것이기 때문이다.

인공지능은 새로운 아이디어로 기존 시장에 큰 변동과 변화를 가져온다. 맥킨지는 인공지능 자체가 글로벌 경제의 게임 체인저 역할을 할 것이며, 2030년까지 13조 달러 규모의 시장이 형성될 것으로 전망했다. 과연 어떤 인공지능이 새롭게 시장을 변화시킬 수 있을까.

로봇도
해고를 당할까?

세계 최초로 모든 직원을 로봇으로 고용해 로봇 호텔로 기네스북에까지 오르며 인기와 관심을 끌었던 일본의 헨나 호텔(変なホテル). 일본 여행업계 1, 2위를 다투는 HIS가 설립한 호텔 체인이다. 2015년 일본 나가사키 현에 위치한 네덜란드 풍의 하우스텐보스 테마파크에 처음 문을 열었다. 당시 헨나호텔에는 다국어가 가능한 휴머노이드 10개를 비롯, IT 기술이 적용된 약 80여 대의 로봇이 사람을 대신해 호텔 곳곳에 배치돼 있었다. 시간이 지날수록 호텔 곳곳에 위치한 로봇의 수는 늘어났고, 더불어 각각의 객실에는 컨시어지 로봇인 '추리(Churi)'를 비치하여 투숙객의 편의를 돕고자 했다. 뿐만 아니라 세계 최초의 로봇 호텔이라는 명성에 걸맞게 로봇 강아지, 피아노 연주 로봇, 바텐더 로봇 등을 선보여 주목을 받았다. 정말이지 가까운 미래의 우리 삶이 이렇지 않을까 하는 생각이 들 정도로 호텔은 첨단의 모습

헨나호텔(호텔 홈페이지, www.h-n-h.jp)

을 보여주었다.

그러나 실제 로봇의 서비스는 만족스럽지 못했다고 한다. 프런트에서 체크인을 담당한 로봇은 여권 복사 과정에서 오류가 잦아 결국은 사람이 다시 해야 했고, 수하물 운반 로봇은 100개의 객실 중 24개의 객실에만 접근이 가능했다. 수하물 운반 과정에서 로봇끼리 충돌하는 사고도 빈번했다. 뿐만 아니라 객실 안의 컨시어지 로봇 추리는 코골이 소리를 명령으로 인식해 밤새 알아들을 수 없는 멘트를 반복하는 바람에 오히려 투숙객의 숙면을 방해했다. 구체적인 대답이 필요한 질문에는 답하지 못하고 그저 객실 조명과 온도 조절만 가능했던 것도 문제였다. 로봇 강아지는 잦은 오작동으로 충전만 반복하고, 피아노 치는 로봇은 아예 작동을 멈춘 상태였다고 한다. 자연히 고객들의 항의가 잇따랐고, 호텔은 결단을 내릴 수밖에 없었다. 결국 호텔 곳곳에 배치한 243개의 로봇 중 절반을 해고하고 그 자리를 사람으로 대체했다. 인공지능시대가 도래하면 사람이 설 자리가 줄어들고, 사람의 일자리를 로봇이 빼앗을 것이라는 예측이 맞아떨어지지 않은 것이다.

로봇 해고 사례는 이뿐만이 아니다. 2018년 영국 스코틀랜드의 슈퍼마켓 체인 마르지오타(Margiotta)에서는 일주일 만에 로봇이 해고당하는 일이 벌어졌다. 매장에 배치된 것은 2015년에 출시된 소프트뱅크의 인공지능 로봇 페퍼(Pepper)로, 사람의 말을 이해하고 대답하며 가슴에 달린 스크린을 통해 정보를 제공한다. 페퍼가 마르지오타에서 일하게 된 계기는 영국 BBC 방송의 〈여섯 로봇과 우리(Six Robots & Us)〉라는 TV 프로그램이 진행한, 인간과 로봇의 상호작용을 다양한 방법으로 살펴보는 실험의 일환이었다. 페퍼는 슈퍼마켓 테스트를 위해 헤리엇와트 대학(Heriot-Watt University)에서 개발한 채팅 봇을 탑재하고 수백 가지 제품의 재고 관리 코드를 추가로 프로그래밍했다. 그리고 매장 주인의 의견에 따라 파비오(Fabio)라는 이름을 얻었다.

페퍼(소프트뱅크 로보틱스 홈페이지, www.softbankrobotics.com)

　매장에 인공지능 로봇 파비오가 등장하자 고객들은 흥미로워했다. 하지만 실제 서비스를 제공받을 때는 불만이 생겨났다. 고객이 특정 제품을 찾는 질문을 하면 명확한 정보를 제공하지도, 고객을 안내하지도 못했다. 게다가 매장의 소음 때문에 질문을 제대로 알아듣지 못하기 일쑤였다. 이에 주인은 파비오의 업무를 매장 구석 육류 코너에서 음식을 홍보하는 일로 바꾸었다. 하지만 여기서도 파비오는 역할을 제대로 수행하지 못했다. 고객들 대부분이 오히려 사람 종업원에게 몰려든 것이다. 파비오는 고객에게 도움이 되지 못하고 오히려 일부 고객을 혼란에 빠뜨렸다는 이유로 일주일 만에 해고당했다.

　우리는 로봇이라면 인간이 할 수 없는 일을 완벽하게 해낼 것으로 기대한다. 많은 분야에서 효율성을 거론하며 인간의 역할을 로봇으로 대체하고 있는 것도 사실이다. 그러나 실수를 하고, 제대로 일을 수행하지 못하는 로봇도 있다. 이는 인간의 모든 일을 로봇이 대체할 수는 없다는 사실을 보여주는 것 아닐까. 미국의 한 호텔 직원들은 인공지능 로봇 사용에 대한 반대 시위를 벌이기도 했다. 인공지능시대가 도래하면서 로봇에게 일자리를 빼앗길지 모른다는 두려움을 느꼈기 때문이다. 실제 많은 사람들이 무인화를 두려워하는 것은 로봇의 능력이 사람을 앞선다고 생각해서일 것이다. 그러나 오히려 '모라벡의 역설(Moravec's paradox)'처럼 매우 똑똑해 보이는 로봇이 때로는 사람보다 못할 수도 있다.

모라벡의 역설은 '인간에게 쉬운 것은 컴퓨터에게 어렵고, 반대로 인간에게 어려운 것은 컴퓨터에게 쉽다'는 것이다. 미국의 로봇 공학자 한스 모라벡(Hans Moravec)이 한 말로, 컴퓨터와 인간의 능력 차이를 표현한 것이다. 로봇은 기계적으로 신속하게 많은 일을 한 번에 해낼 수 있지만, 사람의 감정과 세밀함은 따라가지 못한다는 것이다. 알파고를 예를 든다면, 아주 빠르게 수를 읽어낼 수는 있지만 사람처럼 바둑판에 세밀하게 바둑알을 놓는 일에는 어려움을 느끼는 것이다.

그렇다면 우리는 과연 어떤 입장을 취해야 할까. 미국 호텔 직원들처럼 앞으로 다가올 인공지능시대를 반대하는 것이 옳을까, 아니면 모라벡의 역설처럼 제아무리 인공지능을 갖춘 로봇이라 할지라도 한낱 기계이고 프로그램일 뿐이니 로봇이 할 수 없는 사람의 일에 집중하는 것이 옳을까. 한국에서도 이미 두 가지 입장에 따른 다양한 의견들이 오갔다. 두려운 것은 1970년대의 모라벡의 역설이 오늘날에는 조금 다른 모습을 보인다는 것이다. 지금까지 사람은 로봇과 달리 공감과 감정을 갖고 있어 창의적이고 아이디어를 요하는 일에 적합하다고 생각해왔는데, 이제 딥러닝을 통해 인공지능도 스스로 학습하고 진화를 거듭해 예술적인 부분에서까지 다양한 창작 활동을 보여주고 있기 때문이다.

인공지능은 오늘과 내일이 달라지게 만든다. 분명 어제까지는 인간만이 할 수 있던 일을 오늘은 인공지능이 대신해 처리하고, 내일이면 완벽하게 대체할지 모른다. 물론 그 내일에 인공지능과 인간이 함께 다시 새로운 일을 만들어낼지도 모르는 일이다.

과연 어떤 내일을 믿어야 하는 것일까?

사람의 생각을
음성으로 읽어주는
인공지능

 음성인식 인공지능은 이제 많은 사람들이 알고 있다. 그렇다면 이와는 달리 말하지 않고 머릿속으로 생각만 한 문장을 인공지능이 음성으로 전환해준다면 어떨까? 언어능력을 상실한 환자들에게 세상과 소통할 수 있는 새로운 돌파구가 되지 않을까?

 실제로 이런 일이 벌어지고 있다. 미국 컬럼비아대와 독일 브레멘대, UC샌프란시스코, 네덜란드 마스트리흐트대 등의 연구진이 모두 뇌의 신호를 음성언어로 전환하는 내용의 논문을 발표했다. 아직 완벽한 기술로 볼 수는 없지만 점차 개선될 것으로 기대하고 있다. 지금까지 뇌신경 손상으로 말하거나 글쓰기가 불가능한 환자들은 머릿속의 생각을 밖으로 끄집어내기 어려웠다. 세계적인 물리학자 스티븐 호킹처럼 눈이나 몸짓으로(물론 미세하게 움직이는 몸짓이지만) 컴퓨터 커서를 작동시키거나 화면의 글자를 선택하여 글을 쓰거나 언어로 전달할 수는 있었지만, 억양을 조절하거나 대화에 끼어드는 것은 무리였다. 그런데 이제는 인공지능을 통해 말하고 싶은 문장을 생각하기만 하면 되는 것이다. 이를 위하여 연구진들은 데이터를 수집하는 데 큰 힘을 쏟았다고 한다.

미국 컬럼비아대의 니마 메스가라니(Nima Mesgarani) 교수 연구진은 뇌전증 환자 다섯 명의 뇌에서 데이터를 수집했다. 말할 때와 들을 때 활성화되는 뇌의 영역에서 발생하는 전기 신호를 인공지능이 분석하는 방식이었는데, 실제 환자들에게 책을 읽어주거나 말을 걸면서 데이터를 수집했다. 그리고 이 데이터를 바탕으로 뇌 신호와 음성을 연결시켰다. 그런가 하면 독일 브레멘대 연구진은 뇌종양 수술을 받은 환자 여섯 명에게서 데이터를 수집했는데, 환자들이 한 음절의 단어를 읽을 때 음성을 녹음하고, 동시에 발성을 명령하는 뇌의 운동 영역에서 발생하는 신호를 분석했다. 그리고 이 신호를 오디오 기록과 연동시킨 뒤 단어를 재구성했다. 아직은 부족하지만 앞으로 더 많은 데이터를 수집하게 된다면 좀 더 자연스럽게 뇌 신호를 음성으로 바꿀 수 있으리라 생각된다. 궁극적으로 사람의 생각을 인공지능이 음성으로 즉시 구현해내는 날이 오는 것이다. 좀 더 빨리 이러한 인공지능 기술이 완벽해져서 말하지 못하는 환자에게 진화된 소통 도구를 만들어줄 수 있기를 바란다.

인공지능
법조계

　　인공지능은 법률 분야에도 존재한다. 2018년 미국에서는 인공지능이 인간에게 중형을 선고했다. 위스콘신 주 대법원은 인공지능 알고리즘 자료를 근거로 형사 재판의 피고인에게 중형을 선고한 하급 법원의 판결이 '타당하다'고 인정했다. 이때 중요한 증거를 제공한 인공지능이 바로 컴퍼스(COMPAS)이다. 컴퍼스는 노스포인트라는 스타트업이 만든 일종의 인공지능 검사라 할 수 있다. 위스콘신 주 대법원은 이 인공지능 검사의 주장을 받아들인 것인데, 알고리즘의 한계를 고려해야겠지만, 컴퍼스가 법원이 활용 가능한 정보를 제공한 것은 사실이라고 인정했다. 이처럼 인공지능이 과거 판례들을 학습하고 이를 바탕으로 형을 선고하는 일이 가능해진 것이다.

　　중국에는 인공지능이 종합적으로 증거를 검토하고 제시함으로써 법원 관계자들의 판단을 돕는 시스템도 있다. 상해 제2중급인민법원에 등장한 '206 시스템'은 판사나 검사, 변호사가 요구하면 법원에 마련된 스크린을 통해 관련 증거를 보여준다. 이를 보고 관계자들이 판단하는 것이다. 이렇게 법조인들에게 도움을 주는 인공지능으로는 미국에서 개발한 법률 인공지능인 '로스(Ross)'도 있다. 로스는 초당 10억 장의 판례를 검토하고 법률 문서를 분석한 후 질문에 적합한 대답을 내놓을 수 있다. 관계자들이 할 일을 인공지능이 도와줌으로써 더 많은 사건을 처리할 수 있게 하고, 좀 더 현명하게 판단할 수 있게 해주는 것이다.

국내에서도 인공지능 변호사가 로펌에 채용되었다. 국내 첫 인공지능 변호사 '유렉스'는 2017년 2월 채용되었는데, 주요 업무는 법 조항 검토와 판례 분석 등 사전 조사 업무다. 실제로 베테랑 변호사들이 놓친 부분도 정확히 집어내고, 복잡한 소송의 경우에는 사람보다 빠르게 파악하여 패소할 가능성도 줄여준다고 한다. 아직은 법조인들을 도와주는 보조 업무를 하고 있지만 20년 후에는 변호사를 대체함으로써 사람이 설 자리를 빼앗을지도 모른다는 이야기도 한편에선 들린다.

실제로 인공지능은 변호사들과의 대결에서 그들을 위협하기도 했다. 2017년 1월 영국에서는 내로라하는 대형 로펌 소속 변호사 100여 명이 법률 인공지능 '케이스 크런처 알파(Case Cruncher Alpha)'와 맞붙었다. 보험금 지급과 관련된 판결 결과를 각각 예측해보는 대회였는데, 인공지능 변호사가 압도적인 승리를 거두었다. 775건의 판결을 예측한 결과 인공지능 변호사는 적중률 86.6퍼센트였던 데 비해 대형 로펌 소속 변호사들은 66.3퍼센트에 그쳤다는 것이다. 그야말로 압도적인 승리라 할 수 있겠다. 초기의 케이스 크런처는 간단한 법률 질문에 자동으로 답을 달아주는 챗봇의 형태였다. 이후 사건 결과를 예측하는 법률 인공지능의 형태로 진화하여 지금의 모습이 되었다고 한다. 이렇게 100명의 변호사보다 월등히 높은 능력을 보여준 케이스 크런처 알파는 미국 법률전문잡지 〈내셔널 로 저널(The National Law Journal)〉이 선정한 '2018년 인공지능 리더'의 자리에 오르기도 했다.

법조계는 점점 인공지능을 받아들이면서 좀 더 투명하고 올바른 판단을 위해 노력하고 있는 것 같다.

인공지능
향수와 화장품

인공지능이 냄새를 맡고 향수를 만든다면 믿을 수 있을까? 지금은 인공지능이 너무 많은 일을 해내고 있으니 이 또한 그다지 어렵지 않은 일이라 생각할 수도 있겠다. 실제로 세계 2위 향수 제조사인 심라이즈(Symrise)는 2019년 봄 두 종류의 향수를 출시했다. 바로 인공지능이 머신러닝으로 만든 향수다. 심라이즈는 IBM과 손잡고 이러한 프로젝트에 도전했는데, 실제로 IBM은 2012년에 앞으로 5년 내에 컴퓨터가 후각을 가질 것으로 예측했다고 한다. 사람들은 당시 대부분 회의적이었고, 내심 결코 일어날 수 없는 일이라고 생각했을 것이다.

향수는 화장품 중에서도 가장 고난이도 기술이 필요한 상품에 속한다. 원료의 종류도 많지만 조향사들은 그중에서 수백 가지 조합을 통해 세 가지 노트(향수의 향이 알코올 증발과 시간의 흐름에 따라 차례로 내뿜는 향)를 만들게 된다. 그리고 이 세 노트를 섞어 하나의 향

수를 만든다. 이같이 섬세하고 예술적인 작업이 조향사들의 일이다. 때문에 IBM과 심라이즈가 공동 개발한 인공지능 '필리라(Philyra)'가 두 종류의 향수를 완성했을 때 조향사들은 놀라움을 금치 못했다고 한다. 사람이 할 수 있는 가장 섬세하고 예술적인 부분까지도 인공지능이 해냈기 때문이다.

어떻게 인공지능이 향을 맡고 향수를 만들 수 있었을까. 이는 데이터의 힘이다. IBM은 100만 건의 데이터를 바탕으로 물질의 화학 구조를 필리아에게 학습시켜 분자 단위로 냄새를 예측하도록 했다. 아울러 심라이즈의 190만 가지 향기 데이터를 학습시켰다. 이렇게 하여 필리아는 세계 최초로 남성용과 여성용 향수를 5개월 만에 만들 수 있었던 것이다. 10년 이상의 베테랑 조향사들이 평균 9달, 길게는 5년에 걸쳐서 향수 하나를 만드는 것에 비하면 믿을 수 없는 속도다. 인공지능 필리아가 앞으로 더 많은 향기를 학습하고 이를 활용할 수 있게 된다면 더 많은 사람들을 위해 개인용 맞춤형 향수를 만드는 것도 가능해진다. 향수를 만드는 시간이 훨씬 줄어들었기에 가능한 일이다. 흥미로운 것은 인공지능이 만든 향수를 독특하고 창의적으로 받아들이는 사람이 많다는 점이다. 컴퓨터 프로그램이 만들었다니 어딘지 모르게 천편일률적인 향수일 것 같은데, 오히려 사람은 시도하지 못하는 도전을 감행함으로써 창의적 향을 만들어낼 수 있다는 얘기다.

이와 같이 인공지능은 단순한 업무만 대체하는 것이 아니다. 인간의 고유영역이라 믿었던 창의성 또한 침범할 수 있게 되었다. 이런 이유로 인공지능이 향수를 만들게 되면 조향사가 필요 없어지는 것은 아닌지 염려할지도 모르겠다. 하지만 이 분야에서도 사람과 인공지능은 함께 일하고 서로 보완해줄 수 있는 관계가 된다. 향수를 만드는 과정은 단순하지 않으므로 조향사가 큰 틀에서 향수의 방향을 정하면 인공지능이 데이터를 바탕으로 학습한 내용을 통해 향수를 만들어내고, 그 다음 다시 조향사의 피드백을 받아 개선 과정을 거치게 된다. 이렇게 사람과 인공지능이 함께 일할 수 있는 것이다.

인공지능은 향수뿐 아니라 화장품도 만든다. 개개인의 피부 상태를 분석하여 그에 맞춘 하나뿐인 화장품을 만드는 인공지능 맞춤 화장품 브랜드 컬러스(colours)의 경우다. 컬러스는 인공지능 안면인식 빅데이터를 기반으로 한다. 우선 소비자는 휴대폰 카메라를 사용해 컬러스가 안면인식 기술을 바탕으로 자체 개발한 '스킨 리딩(skin reading)' 프로그램을 통해 피부 분석을 받는다. 컬러스는 빅데이터를 통해 피부 상태를 진단하여 단순히 지성과 건성으로 나누던 방식보다 더 세밀한 결과를 얻는다. 그렇게 만들어진 스킨 코드(skin code)가 7440만 개까지 생성돼 완벽한 커스터마이징이 가능해진다. 이는 인공지능이 새로운 화장품을 만들어냈다기보다 기존의 맞춤 화장품 시장에서 좀 더 세밀하고 최적화된 개인 맞춤화가 이루어질 수 있도록 돕는 역할로 볼 수 있다.

또한 인공지능은 화장품 전문가가 되어 쇼핑을 도와주기도 한다.

화장품 브랜드 이니스프리는 매장 내 첨단 스마트 기기를 도입함으로써 제품 정보와 위치 안내, 맞춤형 제품 추천은 물론, 직원의 도움 없이 자유롭게 결제까지 가능한 셀프 스토어를 열었다. 고객은 매장에서 인공지능 상담원 챗봇과 연결돼 몇 가지 디지털 문진을 통해 피부 진단을 받는다. 그러면 뷰티톡 미러가 자신에게 맞는 화장품을 추천해준다. 올리브영도 이와 비슷하게 스마트 미러를 통해 거울 속 인공지능 화장품 전문가가 피부 상태를 진단하고 그에 맞는 제품을 추천해준다. 이미 많은 고객들이 서비스에 만족했고, 색다른 쇼핑 체험을 제공받았다고 만족감을 보였다.

앞으로도 인공지능을 활용한 다양한 사례가 많이 선보일 것으로 예상한다. 특히 뷰티 업계의 경우에는 소비자의 취향이 더욱 다양하고 세분화되는데, 따라서 보다 정확한 뷰티 솔루션을 제공하는 인공지능 기술이 판매에 영향을 미치는 것은 당연하다.

인공지능 광고

인공지능시대에는 광고도 창의적이다. 광고는 타깃과 시장에 맞춰 제작되지만 이를 개개인에게 깊이 있게 맞춤형으로 전달하기란 어렵다. 대부분의 사람들에게 동일한 정보를 전달하던 기존의 광고와는 달리, 빅데이터로 마련한 타깃 맞춤형 정보를 제공할 수 있는 새로운 광고가 필요하다. 하지만 이 역시 인공지능시대에서는 너무도 자연스럽고 충분히 가능해졌다.

LG전자의 인공지능 가전 브랜드 씽큐(ThinQ)는 빅데이터를 바탕으로 흥미로운 광고를 선보였다. 바로 24편에 달하는 광고를 제작한 '오늘의 씽큐' 캠페인이다. 한 달이라는 시간 동안 매일 다른 인공지능 가전 활용 정보를 광고로 보여준다. 광고가 시작되면 날짜가 나오고, 광고 영상을 통해 전달하려는 정보를 한눈에 알 수 있도록 아이콘과 이미지가 뜬다.

2018년 12월 24일 크리스마스에는 "이번 크리스마스도 '나 홀로 집에'이신가요? 잘 생각하셨습니다"라는 멘트와 함께 크리스마스에 맞는 맞춤형 광고를 시작했다. 약속이 없는 듯 소파에 누워 괴로워하는 한 남자. 곧 TV가 켜지고 영화가 상영된다. 남자가 좋아하는 피자 주문이 이루어진다. 남자는 편하게 피자를 먹으며 TV 속 영화에 빠져든다. 12월 26일은 갑자기 추워진 날씨에 맞춰 씽큐가 알아서 작동시키는 공기청정기에 관한 영상이 나왔다. 이렇듯 '오늘의 씽큐' 광고는 일반적인 정보인 날씨, 장소, 사용자의 관심사에 맞춘 특별한 이벤트, 콘텐츠 등의 에피소드 광고를 선보인다.

이는 LG전자가 광고 제작을 위해 유튜브, 왓챠플레이, 블루리본 서베이, 노랑풍선 등에서 데이터를 제공받았기에 가능했다. 이 광고는 TV 광고 대신 유튜브를 통해 접할 수 있는데, 소비자의 관심사에 따라 300여 개의 영상을 볼 수 있다. 이 또한 인공지능 기술이 활용된 것이다. 상황과 관심사에 맞게 실시간으로 타깃 맞춤형 광고를 볼 수 있게 했다. 이렇게 많은 광고를 만든 것도 인공지능이다. 바로 구글의 디렉터믹스 시스템을 활용한 것인데, 디렉터믹스는 알아서 매일 그날의 뉴스와 날씨를 반영하여 이에 해당하는 장면을 섞고 편집하여 광고를 내보낸다. 따라서 지역마다 각 지역의 상황에 맞는 광고가 상영된다. 미세먼지가 심한 서울에서는 공기청정기를, 비가 내리는 제주도에서는 냉장고를 통해 파전 레시피를 소개하는 식으로 말이다.

이뿐 아니라 인공지능이 광고 카피를 만들고 콘티를 작성하여 제작된 광고도 있다. 토요타 자동차가 유럽시장에 선보일 '렉서스ES 이

그제큐티브' 세단 광고는 IBM 왓슨이 만들었는데, 엄밀히 말해 인공지능과 사람의 협업으로 이루어진 성공작이라 할 수 있다. 인공지능이 작성한 카피와 대본으로, 오스카상 수상 경력이 있는 감독이 맡아 제작했다. 흥미로운 것은 흔히 이렇듯 협업으로 만들어진 광고라면 창의적인 카피 작업은 사람이 하고 촬영은 인공지능이 했으리라 짐작되지만 오히려 창의적인 작업을 인공지능이 수행했다는 점이다. 이것이야말로 앞으로 구현될 인공지능과 사람의 진정한 협업의 모습이지 않을까?

AI가 보급된 사회에서 가장 희소성을 갖는 것은
타인과 공감할 수 있는 힘을 가진 인간이다.
−사티아 나델라(Satya Narayana Nadella), 마이크로소프트 CEO

5

인공지능이란
무엇인가

인공지능이라고 하면 당연히 기술적이고 논리적인 부분에 집중해야 한다고 생각할 것이다. 그러나 인공지능에 더 필요한 것은 오히려 감성, 감정, 공감의 능력이다. 인간과의 감성적 소통을 가능하게 하는 소프트웨어적인 능력이 필요하다는 의미다. 아울러 앞으로의 인공지능이 인간의 감정을 파악하고 함께 공감하며 만족도를 높여나가는 방향으로 진화를 이루게 될 것이란 의미이기도 하다. 기계가 감정을 갖게 되는 것은 영화에서나 본 듯한 먼 미래의 이야기가 아닌, 지금 현실에서 일어나고 있는 '살아 있는' 이야기다.

무엇이든
물어볼 수 있다

얼마 전 태국 코사무이로 여행을 갔다가 공항에서 남녀가 싸우는 것을 본 적이 있다. 둘의 언쟁은 끝날 것 같지 않더니, 결국 여자가 먼저 자리를 떴다. 남겨진 남자는 그 자리에서 움직이지 못하고 고민하기 시작한다. 떠난 여자를 쫓아갈 것인가, 아니면 이 자리에서 기다릴 것인가. 두 상황 모두 난감한 결과를 내포하고 있다. 쫓아간다면 여자는 쏘아붙이며 뿌리칠 것이고, 그냥 기다린다면 왜 쫓아오지 않았느냐고 따지고들 것이다. 어떤 경우를 선택해도 억울한 상황을 겪게 된다. 선택해야 하지만 선택할 수 없는 아이러니한 상황인 것이다.

어쩌면 이때 필요한 것이 인공지능일지 모른다. 인공지능에게 물어보는 것이다. 과연 나는 어떻게 해야 하느냐고. 인공지능은 어떻게 대답할까? 수많은 커플이 겪곤 하는 이 싸움에서 덜 상처받고 덜 야단맞는 선택지를 줄까? 아니면 두 가지뿐이라고 알고 있던 방법 외에 새로운 해답을 알려줄까?

　사람과의 대화에서 상대방이 정확히 말하기 전까지는 의중을 알 수 없듯, 인공지능도 마찬가지라는 점이 흥미롭다. 예시로 정해진 답변을 말해주는 것이 아니라 수많은 남녀의 싸움에 대한 정보를 바탕으로 그에 따른 답변을 주는 것이다.

　자, 그렇다면 인공지능이 내놓은 답이 정말 정답이긴 한 걸까? 우리는 그저 인공지능에게 답을 맡기면 되는 것일까. 어쩌면 이 또한 우리가 선택해야 할 문제는 아닐까. 우리는 인공지능에게 정답을 요구하진 않겠지만, 인공지능은 우리가 답을 찾느라 고민하는 시간을 덜어줄 것이다. 특히나 지금보다 더 확산돼 인공지능 보급이 대중화된다면 우리는 더 많은 시간을 가질 수 있고, 이를 효율적으로 사용하게 될 것이다. 인공지능이 보조하고 도와주니 자연스럽게 그만큼의 시간이 생기는 것이다.

　인공지능이 인간의 일을 대신해주는 것은 분명한 사실이다. 그렇다면 늘어난 시간에 우리는 무엇을 해야 할까? 잡무에서 독립된 사람들은 그만큼 늘어난 시간 동안 자연스럽게 놀고 생각할 수 있는 여유를 가질 것이다. 각자 자신만의 시간을 보내며 배움의 시간도 갖게 될 것이고 자연스레 더 똑똑해질 것이다.

　인간의 삶에는 7:2:1의 법칙이 존재한다. 7은 일상을 의미하는 것으로 업무나 생업에 필요한 일을 하는 것이다. 2는 업무와 삶의 방식을 개선하고 변화시키는 것을 의미한다. 그리고 나머지 1이 바로 혁신이다. 성공적인 삶을 위해서는 이 1의 혁신을 이루어야 하는데, 여유가 생겨 자유롭게 사고할 수 있게 되면 혁신은 자연스럽게 연결될 것이다. 인공지능을 통해 삶을 긍정적으로 변화시킬 수 있는 좋은 기회를 얻는 것이다.

단순 업무는
인공지능 비서에게

인공지능이 인간을 대체함으로써 우리가 설 자리가 없어진다고 생각되는가? 그래서 인공지능이 두렵고 무섭기만 한가? 그런데 오히려 인공지능 덕분에 인간 고유의 능력을 더욱더 발휘하거나 더 편리하고 안락한 생활을 할 수 있다면 어떨까?

실제 인공지능은 이미 이런 역할을 해주고 있다. 그야말로 사람을 위한 비서가 되어가는 중이다. 일할 때 옆에서 말만 해도 보고서를 써주는 비서가 있다면 얼마나 편할지 생각해본 적이 있는가? 하지만 단지 내 말을 그대로 받아 적어주는 사람이 필요하다고 해서 그런 인력을 충원하기란 매우 부담스럽다. 대부분의 기업은 단순히 한 가지 일만이 아니라 보다 많은 일을 할 수 있는 사람을 원한다. 이때 도움이 되는 것이 바로 인공지능 비서일 것이다. 2020년이 되면 사용자가 말로 명령하기만 하면 엑셀과 파워포인트를 활용해 알아서 보고서를 작성해주는 인공지능 비서가 등장한다고 한다. 이것을 가능하게 하는 기술이 바로 RPA이다. RPA는 '로보틱 처리 자동화(Robotic Process Automation)'로, 사람이 반복적으로 처리해야 하는 단순 업무를 로봇을 통해 자동화하는 기술이다. 사람이 새로운 아이디어 창출 등 창의적 업무에 집중할 수 있게 함으로써 업무 효율성이 높아질 것으로 기대하기 때문에 많은 기업들이 선호한다.

인공지능 비서는 사람들로 하여금 집중하게 하고, 시간적인 여유를 제공해 효율성을 높여줄 수 있다. 이는 빌 게이츠도 인정한 바다. 미국 매사추세츠공대는 매년 '올해의 기술'을 선정하는데, 2019년에는 최초로 외부 인사인 빌 게이츠의 의견을 받아들였다. 빌 게이츠는 사회의 궁극적인 목표는 자아실현이라면서 이를 이룰 수 있는 기술로 인공지능 비서를 선정했다. 인공지능 비서가 이메일을 읽어주는 덕분에 사람은 직접 확인하는 시간을 아껴 다른 일을 할 수 있으므로 효율적이라는 것이다.

실제로 RPA 플랫폼을 제공하며 1인 1로봇 시대를 준비하는 기업도 있다. 마이크로소프트 개발자 출신인 다니엘 디네스(Daniel Dines)가 CEO로 있는 RPA 분야 글로벌 1위 기업 유아이패스(UI Path)이다. 이들은 조직원 모두에게 로봇을 제공하는 1인 1로봇을 제안한다. 이때의 로봇은 우리가 익히 알고 있는 사람의 모습이거나 무쇠팔 무쇠다리를 가진 실체가 아닌 소프트웨어다. 이 소프트웨어 로봇이 기업과 임직원의 비서 역할을 하는 것인데, 이를 통해 누구나 반복적인 일을 줄이고 업무를 신속하게 처리할 수 있다는 것이다.

유아이패스가 제공하는 RPA 플랫폼은 정해진 용도로만 사용되는 솔루션에 비해 확장성과 연결성을 제공하는 것이 큰 장점이다. 즉, 기존의 회사들이 자동화 솔루션을 제안한다면, 유아이패스는 RPA가 비서 역할을 하면서 다양한 일도 병행할 수 있게 했다. 최근에는 글로벌 유명 통신사가 유아이패스의 1인 1로봇을 도입하면서 인공지능시대에 맞춰 2만 명이 넘는 임직원에게 AI(Augmented Intelligence, 증강지능) 능력을 제공하려 한다. 소프트웨어 로봇을 비서로 활용한다면 사람들은 더욱더 창의적인 업무에 집중할 수 있다.

뿐만 아니라 이제는 대신 예약전화를 걸어주고 확인하는, 실제 비서들이 해왔던 일을 인공지능이 하게 되었다. 바로 구글의 듀플렉스(Duplex)다. 2018년 11월 샌프란시스코와 뉴욕, 애틀랜타 등 일부 지역에서 시작한 시범 서비스에 이어 이제는 미국 내 43개 주로 서비스를 확대했다. 대화형 인공지능인 듀플렉스는 특히 진짜 사람처럼 맥락에 적절히 반응하고, 음성이 사람 목소리와 흡사하다. 인공지능 비서는 비단 회사뿐만 아니라 우리가 최상의 서비스를 기대하고 실제 다양한 서비스를 제공하는 곳, 바로 호텔에서도 똑부러지게 역할을 해내고 있다.

여행 중 호텔 객실에 부족한 것이 있을 때 필요한 것은 무엇일까? 프런트 데스크에 전화할 수 있는 전화기? 직접 이야기하기 위해 걸어가야 할 두 다리? 이제는 필요한 것을 인공지능에게 이야기하면 된다. 서울 노보텔 앰배서더 동대문호텔에 첫선을 보인 KT의 호텔용 '기가지니' 서비스이다. 인공지능 스피커가 호텔 투숙객의 개인비서가 되어

주는 것이다. 기가지니 스피커
를 통해 수건을 가져다달라고
이야기하면 침대 협탁 위에 있
는 모니터 화면에 주문 확인창
이 뜨고 호텔 직원이 수건을 가
져다 준다.

기가지니(노보텔 홈페이지, bit.ly/2Rnh8yx)

호텔 프런트 데스크에는 대략 1시간 동안 10건의 고객 요청 사항
이 들어온다고 한다. 따라서 고객의 요청을 즉각 들어주기 어려운데,
인공지능 비서를 통하면 신속하게 해결할 수 있다. 호캉스(호텔과 바
캉스의 합성어)를 즐기는 사람들이 많아지면서 호텔도 고객들을 위한
맞춤 서비스를 더 고민할 텐데, 인공지능 비서는 고객을 위한 훌륭한
서비스가 될 것으로 보인다.

호텔에서 인공지능을 통해 받았던 서비스를 내가 살고 있는 아파
트에서도 받을 수 있다면 어떨까? 집 안의 조명과 각종 전자기기를 리
모컨 없이 말로 조작하며, 현관문을 나서면 엘리베이터가 알아서 대기
하고 있는 삶. 앞으로는 너무나 자연스러운 일상일 것이다. KT가 대림
건설, 한화건설 등 대형 건설사와 협력해 구축하고 있는 기가지니 아
파트가 바로 그런 인공지능 아파트다. 여기서 주목할 것은 무엇을 하
라는 명령어 방식이 아닌, 자연스러운 대화를 통해 집 안의 가전기기
나 주요 기기들을 조절할 수 있다는 점이다. 예를 들어 "굿모닝"이라고
인사하면 블라인드를 올려주고, 아침 뉴스와 날씨 등을 안내해준다.
또 "외출 모드를 실행해줘"라는 명령 대신 "나 나갈게"라고 인사하듯 말하면 소등과 방범 모드를 자동으로 실행한다. 점차 인공지능과 대화하며 교류하게 될 미래의 모습에 가까워지고 있다.

인공지능이 사람을 대신해 교육행정 서비스를 제공하는 사례도 있다. 영국 스태퍼드셔대가 클라우드 서비스 사업자인 ANS사와 공동으로 개발한 비컨(Beacon)이다. 인공지능 조교라 할 수 있는 비컨은 상담이나 성적 분석 등 소통이 가능하다. 학생들은 과거 조교에게 했던 시간표 관련 질문부터 학생증 발급이나 교수와의 면담 요청도 비컨을 활용한다. 이렇게 교육행정용으로 개발된 인공지능 조교는 학생에게 제공되는 교육 서비스의 질을 향상시키고, 교수의 업무 부담을 줄여주는 긍정적인 결과를 가져온다. 특히 행정업무 외에 학생들이 겪는 우울함이나 걱정에 대한 상담도 가능하다. 단순히 서비스를 제공하는 로봇이 아니라 학생들을 위한 비서가 되어주는 비컨. 앞으로는 학생 개개인을 위해 더욱더 향상된 맞춤 서비스를 제공할 수도 있을 것이다. 이를 통해 좀 더 양질의 교육을 받을 수 있는 환경이 만들어지는 것은 당연한 일이겠다.

인공지능 전도사,
AI emotioneer(이모셔니어)

Being Digital!

최초로 멀티미디어 개념을 제시한 미국의 미디어 학자 니콜라스 네그로폰테(Nicholas Negroponte)의 대표적인 책 제목이다(한국에서는 《디지털이다》라는 제목으로 출간). 그는 1996년 발간한 이 책을 통해 종이의 시대는 가고 디지털 시대가 온다고 주장하며 앞으로 디지털이 미래 사회에 어떤 파급효과를 미칠 것인지를 이야기했다.

나는 2015년 2월 28일 'being mobile'이라는 제목으로 공개 강의를 진행한 바 있다. 당시 모바일에 주목하는 시대 흐름에 맞춰 과연 시대는 어떻게 변화하고 있는지 살펴보고 무엇을 준비해야 하는지를 이야기했다. 그리고 3년이 지난 2018년 9월 26일 중국 정부의 초청으로 청두에서 열린 중한(中韓)인공지능센터 개소식에서 'being w/AI'라는 주제로 인공지능에 대한 기조 강연을 했다. 'being w/AI'는 바로 살

중한인공지능센터 개소식에서.
오른쪽에서 두 번째가 필자.

아 있는 인공지능의 시작이다. 인공지능으로 생활을 시작하고, 삶 자체에 인공지능이 자연스럽게 어울리는 시대가 온 것이다. 급속히 변화하는 시대에 뒤처지지 않기 위해 철저히 준비하기를 바라는 마음을 강의를 통해 전달했다.

이후 좀 더 깊이 있고 전문적으로 인공지능 관련 일을 하고자 회사 명도 emotion AI로 새롭게 만들고, AI emotioneer가 되어 감정인공지능(emotional AI) 리서치와 탐색에 몰두하고 있다. 특히 여기서 AI에는 인공지능(Artificial Intelligence)뿐 아니라 증강지능(Augmented Intelligence)의 의미도 포함한다. 감정(emotion)에 주목하는 이유는, 인간을 위한 최고의 도구가 되기 위해서는 인공지능이 인간의 가장 본성적인 감정을 제대로 느끼고 인지하고 반응해야 하기 때문이다. 현재 스피커와 결합된 인공지능, 인공지능 로봇들이 모두 인간의 감정을 읽으려고 노력하고 진화하는 것도 이러한 이유에서다. 이에 나는 인공지능을 연구할 때 감정에 집중할 필요를 느꼈고, 그래서 emotion AI를 만들게 된 것이다.

첫 시작은 인간이 만들어냈지만, 앞으로의 인공지능은 더 이상 인간이 학습시키고 훈련시키지 않아도 알아서 배우고 익혀 스스로 필요한 알고리즘 모델을 만들게 될 것이다. 이런 사회가 된다면 과연 우리는 이 대단한 인공지능을 어떻게 다스리고 활용해야 할까? 중국 알리바바의 마윈 전 알리바바 회장도 이와 연관된 이야기를 한 적이 있다. 마윈은 "우리 아이들이 기계와 경쟁해선 안 되고, 기계가 절대 따라잡지 못하는 인간 고유의 능력을 갖도록 가르쳐야 한다"고 말했다. 여기에서 기계는 인공지능을 의미한다. 그렇다면 인간 고유의 능력은 무엇일까? 감정과 감성, 공감의 능력이 아닐까? 하지만 앞으로 이 능력은 인간만의 능력이 아닌, 인공지능에게도 꼭 요구되는 능력이 될 것이다.

AI emotioneer는 이러한 인공지능이 감정과 접목돼 감정 알고리즘을 갖게 되었을 때 나타날 수 있는 현상을 생각해본다. 친한 사람보다 더 나를 편하게 해주고 안정감을 느끼게 하는 인공지능이라면 어떨까. 지금 같은 1인 시대에 더욱 필요한 인공지능이 아니겠는가. 아울러 인공지능을 이런 분야에 활용하기 위해 기업은 많은 관심을 갖게 될 것이다. 감정 인터페이스로 인공지능을 활용하기 위해 다양한 방도를 찾을 것이다. 분명 길게는 10년, 짧게는 4~5년 내에 주변 사람보다 오히려 인공지능이 탑재된 장치들이 내 기분과 느낌을 잘 파악하고 이해해줄 것이다.

최근에는 브라질의 스타트업 후복스 로보틱스(Hoobox Robotics)가 인텔과 협력하여 사용자의 얼굴 표정으로 제어가 가능한 전동 휠체어를 선보였다. 미소를 짓거나 한쪽 눈썹을 치켜올리거나 코를 찡긋하며 입술을 오므리는 등의 10가지 얼굴 표현이 휠체어의 움직임을 지시하는 명령어가 된다. 물론 기분에 따라 자유자재로 휠체어를 움직일 정도는 아니지만, 인공지능과 안면인식 기술로 인간의 다양한 표정을 구분하고 학습할 수 있다는 점에 주목할 일이다. 이것이 더욱 발전하여 정말 우리가 꿈꾸는 인공지능 로봇이 우리의 표정만 보고 알아서 음악을 들려주고, 집안일을 대신 해주게 될 수도 있다.

이런 감정인공지능이야말로 우리 인류의 영원한 동반자가 될 것이다. 펫코노미(petconomy)시장을 위협할 수도 있다. 펫코노미는 반려동물(pet)과 경제(economy)의 합성어로, 반려동물을 키우는 인구가 1000만 시대에 이르면서 주목받은 시장이다. 1인 가구의 증가와 고령화로 인해 반려동물을 키우는 가정이 늘어나면서 자연스럽게 펫코노미가 형성되었는데, 만약 많은 사람들이 동물보다 인공지능을 통해 공허한 마음과 외로움을 달랠 수 있다면 펫코노미 대신 로보코노미(roboconomy)가 주목받을 것이다. 이처럼 인공지능이 감정을 갖고 공감하게 되면 변화되는 것이 많아진다.

나는 분명 앞으로 도래할 미래임에도 불구하고 아직도 많은 사람들이 인공지능을 잘 모르는 것이 안타까워 인공지능 전도사로 살아가기로 마음먹었다. 아울러 좀 더 전문적으로 리서치하고 탐색하면서 기업은 인공지능을 어떻게 받아들여야 하는지에 대해서도 고민하고자 한다.

감정을 읽어내는
인공지능

"내 마음을 나도 몰라."

많은 사람들이 자기 마음을 알지 못한다고 이야기한다. 나도 모르는 내 마음을 상대방이 알아줄 리 없고, 그렇게 서로에게 마음을 닫은 채 사회는 '관계'가 아닌 '연결'만으로 유지된다.

그런데 만약 인공지능이 내 마음을 나보다 더 잘 알 수 있다면, 즉 인공지능이 감정 분석의 달인이 된다면 어떨까. 상대방의 마음을 헤아리는 만큼 갈등과 충돌은 줄어든다. 사랑하는 연인, 수십 년을 함께한 부부나 가족, 상사와 직원 간에도 서로의 마음을 제대로 읽지 못하고 느끼지 못해 부딪히고 상처를 주고받는데, 이때 감정인공지능이 중간에 있다면 어떨까.

영화 속의 인공지능은 사람의 기분에 따라 일상 서비스를 맞추어 제공한다. 그 사람의 표정과 말투, 심장 박동과 호르몬의 변화로 기분과 감정을 알아차린다. 이미 인공지능은 사진을 통해 사람의 감정을 파악할 수 있다. SNS에 올린 글을 보고 심리 상태를 분석하여 감정을 파악하기도한다. 음성인식을 통해서도 감정을 파악할 수 있다. 사람의 상태에 따라 달라지는 소리의 높낮이와 음성 패턴을 분석함으로써 사용자의 감정 상태를 파악하는 것이다. 이렇게 되면 누구보다 사람과 가장 가까운 친구가 되지 않을까? 어렵게 설명하지 않아도 내 마음을 알아주는 친구 말이다.

이렇게 감정을 읽을 수 있는 인공지능은 더 나아가 심리 상담도 가능하게 한다. 미국 캘리포니아 실리콘밸리에서는 우울증 증상을 개선할 수 있는 챗봇인 워봇(Woebot)을 개발했는데, 대화를 통해 부정적인 생각과 불안 같은 감정을 관리하면서 가볍고 편안한 마음이 들도록 유도한다고 한다. 이뿐 아니라 표정을 보고 사람의 감정을 인식하는 인공지능도 가능해지고 있다. 이제는 인간의 감정을 읽지 못하는 인공지능은 진정한 인공지능이 아닌 시대가 온 것이다. 사람들이 서로의 표정, 목소리 톤의 변화를 통해 감정을 공유하듯, 인공지능도 스스로 판단할 수 있어야 한다.

실제로 감정을 인식하는 인공지능을 탑재한 전기자동차 사례가 있다. 일본의 토요타는 2017년 감정인식 인공지능 '유이(Yui)'를 탑재한 전기자동차를 선보였는데, 차량 내부 카메라를 통해 운전자의 표정을 분석하고 판단하여 드라이브 코스를 제시한다. 또 운전자가 하품하며 졸린 표정을 보이면 음악을 틀거나 신호를 보내 잠을 깨우기도 한다. 국내 기아차도 자동차가 운전자의 감정과 신체 상태를 인식해 차량 내

환경을 자동으로 바꾸는 'R.E.A.D. 시스템'을 개발했다. 운전자의 졸음뿐 아니라 건강 이상 징후와 감정까지 파악하여 차량 내 조명과 온도를 조절하고, 음악을 바꿔주는 것이다. 자동차 업계에서 주목해온 자율주행을 넘어 이제는 '감정주행'이 가능해지는 상황이다.

영화 같은 일이 실제로 가능하려면 사람들의 감정에 따른 표정의 데이터가 필요하다. 그래서 토요타는 사람들이 알 수 있는 정도의 표정은 물론 쉽게 판단하기 어려운 표정까지 모두 학습 데이터로 제공했다. 그러자 인공지능은 졸린 것을 명확히 알 수 있는 표정과 그렇지 않은 표정 사이의 상관성을 분석하여 나름의 규칙을 만들어냈다. 이처럼 감정인식 인공지능에 있어 데이터는 매우 중요한 요소다. 행복과 슬픔, 화남, 놀람 등의 표정을 통해 감정을 읽어낼 수 있는 다양한 데이터 말이다. 눈썹의 오르내림이나 동공의 크기, 입꼬리의 위치 등 안면 근육의 모든 움직임이 감정을 읽을 수 있는 변수가 된다.

이렇게 감정을 읽어내는 기술로 2012년 밋 롬니와 버락 오바마의 미국 대선 후보 토론회 영상을 보는 사람들의 표정으로 지지도를 파악한 적이 있다. 당시 결과적으로 75퍼센트라는 적중률을 보였다.

미국의 표정인식 스타트업 아펙티바(Affectiva)는 이렇게 사람들의 표정을 통해 얻게 되는 새로운 감정 데이터를 매일 5천만 개씩 추가하면서 감정인식 인공지능을 개발 중이다. 인공지능과 감정은 언뜻 보면 전혀 어울릴 것 같지 않고 서로 어울릴 수도 없어 보인다. 기계나 프로그램, 컴퓨터에 감정이란 것이 과연 존재할까 싶은 것이다. 감정이란 온전히 사람만 가질 수 있는 고유한 것이라는 생각 때문일 것이다.

하지만 이제 시대는 달라졌다. 인간보다 인공지능이 더 사람의 감정을 잘 읽어내고, 잠깐 스치듯 지나가는 표정만으로도 기분을 알아차리게 되었다. 그렇다면 이제는 인공지능이 자연스럽게 감정을 드러내는 그런 날도 오지 않겠는가.

인공지능 서비스
AaaS

인공지능 서비스란 인공지능을 기술이나 제품이 아닌 서비스로 사용한다는 이야기다. SaaS(사스)란 Software as a Service를 줄인 것으로, 처음엔 제품으로 간주하고 구입했던 소프트웨어가 서비스로 변화되면서 생긴 용어다. 인공지능시대에는 사스처럼 아스(AaaS, AI as a Service)가 일반화되어 인공지능 서비스를 향유하게 될 것이다. 인공지능과 관련된 알고리즘이나 AI 로봇 등 모두 다 잡지 정기구독과 같은 '서비스'를 받는 것이다. 이는 소유의 경제에서 체험의 경제로 전환되어가는 과정과 맞물려 있다. 아스 중 하나가 비주얼 검색 서비스(Visual Search Service)로, 과거의 텍스트 검색에서 한 걸음 더 나아가 비주얼 검색이 가능해져 소비자에게 색다른 경험과 편의를 제공한다.

특히 패션업계가 이러한 비주얼 검색 서비스에 주목하고 있다. 이제는 TV나 SNS에서 봤던 옷을 각종 키워드로 검색하거나, 주변 사람

포에버 21 스타일 찾기(포에버 21 홈페이지,
bit.ly/2oqPOGF)

들에게 사진을 보여주며 힘들게 찾아낼 필요가 없다. 영국의 패션 전자상거래 업체 아소스(ASOS)는 사진을 찍어 앱에 업로드하면 유사한 상품을 바로 찾아주는 '스타일매치' 툴을 개발했다. 스타일매치를 통해 비주얼 검색을 한 소비자는 그렇지 않은 소비자보다 48퍼센트 정도 더 많은 상품을 봤고, 75퍼센트 이상이 재방문했다고 한다. 뿐만 아니라 미국 패스트 패션 브랜드 포에버 21(Foever 21)도 미국 IT 기업 돈데 서치(Donde Search)와 협력하여 실루엣이나 색상만으로 상품을 찾아주는 '스타일 찾기(Discover Your Style)' 서비스를 출시하여 평균 매출액이 20퍼센트 증가하였다.

미국 전자상거래 플랫폼 이베이(eBay)도 비주얼 검색을 활용하고 있는데, 사진만으로 상품을 찾아주는 기능을 통해 매 분기 10억 달러가량 매출이 증가하는 추세다. 비주얼 검색은 기존의 포털사이트 간 검색 경쟁의 판도를 바꿀 수 있는 기회를 제공하기도 한다. 이미 구글이 시장을 장악하고 있는 텍스트 검색에 비해 비주얼 검색의 경우는 언어 장벽이 없어 시장의 흐름을 바꾸기에 충분하다. 또한 모바일 시대와 인공지능시대가 맞물리면서 모바일 기기로 바로 사진을 찍어 비주얼 검색이 가능해진 것도 비주얼 검색이 더욱 활발하게 발달할 수 있는 배경이 되었다.

아스는 유통 서비스에도 큰 변화의 흐름을 가져온다. 국내에도 그 변화의 바람이 불고 있다. 신세계그룹의 이마트는 미래형 유통 서비스로 전자 가격표시를 내세웠다. 매장 내 진열된 모든 상품에 종이 가격표 대신 전자 가격표를 달아 고객이 QR코드를 스캔하면 상품 설명이나 상품평을 확인하고, 매대 앞에서 즉시 결제할 수 있도록 하였다. 한국 편의점 시장 점유율 1위인 CU(씨유)는 SK텔레콤과 함께 인공지능이 고객을 응대하고 재고를 관리하는 편의점을 계획 중에 있다. 현대백화점은 세계 최대 온라인 유통업체인 아마존과 손잡고 2020년 하반기에 현대백화점 내에서 아마존 고의 저스트 워크 아웃(Just walk out, 쇼핑 후 매대에서 결제하지 않고 그냥 걸어 나오면 자동으로 결제가 이루어지는 서비스) 기술을 활용한다고 한다.

모두 아스가 발달하지 않았다면 불가능했던 서비스다. 이는 모두 인공지능을 기술이나 제품이 아닌 서비스로 받아들이게 되었다는 의미이기도 하다. 더 이상 인공지능은 복잡한 첨단기술이나 우리가 알아들을 수 없는 코딩 또는 복잡한 수학 통계적 알고리즘이 아니라 일상생활에서 자연히 받아들이는 것으로 바뀌어가고 있다.

인공지능
대학의 탄생

인공지능은 학문일까, 기술일까.

아마도 미국 MIT의 사례가 그 대답이 될 것 같다. 60년 전 인공지능이란 용어와 개념을 탄생시킨 MIT는 2019년 9월 공식적으로 단과대를 만든다. 50명의 교수, 100명 이상의 박사급 연구 인력으로 구성된 인공지능 단과대학이다. 이는 단순히 이공계 전문가들이 인공지능을 연구하는 조직에 그치지 않고, 이공계는 물론 인문사회계 학생에게도 인공지능을 꼭 필요한 미래의 언어로 받아들인다는 의미. 다니엘라 러스(Daniela Rus) MIT 인공지능연구소 소장은 인공지능 대학을 만드는 이유가 장밋빛 전망을 현실로 만들기 위한 시행착오와 노력을 하기 위함이라고 이야기했다. 아울러 20년 전 크고 느린 속도의 컴퓨터를 떠올리면 지금의 모습이 그려지지 않는 것처럼, 20년 뒤 인공지능은 또 어떤 일을 할 수 있을지 기대된다고 말했다.

MIT의 인공지능 대학이 매우 흥미로운 것은 인공지능을 미래의 언어로 규정하여 모든 학생들이 이를 배우고 다른 학문과 융합할 수 있도록 한다는 점이다. 1861년 개교 이후 IT와 연관된 큰 흐름과 발전을 이끌어온 MIT가 이제는 인공지능을 중심에 두고 새로운 변화를 꾀한다고 볼 수 있겠다. 이를 위해 MIT는 인공지능 단과대에 10억 달러를 투자한다. 여기에는 금융회사 블랙스톤의 스티븐 슈워츠먼 회장이 기부한 3억 5000만 달러의 위력이 크다. 그는 알리바바의 CEO 마윈을 만났을 때 인공지능을 위한 기부를 결심했다고 한다. 미국이 세계의 주도권을 유지하기 위해서는 최고 인재를 위한 투자를 해야겠다고 생각했던 것이다. 여하튼 이러한 도움으로 MIT는 인공지능을 위한 인재 양성에 힘을 쏟을 수 있게 됐다. 이는 MIT가 인공지능을 단순히 기술이 아닌 하나의 학문으로 여겼기에 가능한 일이다.

우리는 과연 인공지능을 어떻게 보고 있는가. 코딩이나 알고리즘, 프로그램으로 받아들인다면 인공지능시대에 경쟁력을 가질 수 있을까. 분명 아닐 것이다. MIT가 보여주는 행로에서 그 답이 보인다. MIT는 모든 학생을 이중언어자로 키우겠다고 이야기했는데, 이는 생물학, 기계공학, 전자공학 등 공학은 물론이거니와 인문사회계 학생들도 인공지능이라는 언어를 의무적으로 함께 배움으로써 자신의 전공 분야와 자연스럽게 접목시키는 활용도를 높이겠다는 뜻이다. 우리의 미래 모습도 이와 같아야 할 것이다. 인공지능을 기술이 아닌 학문으로 받아들이면 이를 꾸준히 지속적으로 배워나가며 활용할 수 있을 것이다. 어쩌면 MIT의 인문, 예술, 사회학과장이 인공지능 단과대의 설립이 인문학 부활의 기회가 될 수 있으리라 예상한 것과 일맥상통한다. 다양하게 인공지능을 접목시키면 그저 기계, 알고리즘으로 국한되었던 인공지능이 새로운 생명을 얻게 된다.

MIT가 인공지능 단과대를 만들었다면, 중국은 2019년 인공지능과 빅데이터에 관련된 학과나 전공 400여 개를 각 대학에 신설할 계획을 갖고 있다. 이는 지난해의 두 배 수준으로, 전 국가적으로 인공지능 분야에 집중하면서 관련 인력 수요가 폭발적으로 늘고 있는 현실을 보여준다. 새로 개설될 전공은 컴퓨터 응용공학, 정보통신, 제어공학 등 인공지능 기술과 관련된 전문 지식 분야다. 이뿐 아니라 새로운 공학 연구 프로젝트 612개도 발주될 계획이다. 인공지능 분야에 대한 이러한 투자는 이미 미국을 넘어선 수준이라고 한다. 중국은 경쟁력을 상실하고 있는 중국의 산업구조를 인공지능에 기반을 둔 혁신 경제로 탈바꿈시키려는 정부 전략에 맞춰 아낌없이 투자하고 있다. 이미 지금도 인공지능 분야에서 우리보다 앞서 있는데, 앞으로 4~5년 뒤면 중국의 산업 체질이 완전히 바뀌어 있을지도 모른다.

하루라도 더 빨리 인공지능 교육에 힘써야 하는 것도 그래서다. 이미 중국은 우리에 비해 인공지능 관련 인재가 7배, 기업의 수는 이보다 더 많은 40배 이르는 것으로 조사됐다(한국무역협회 국제무역연구원이 발표한 '스타트업 사례를 통해 본 2018년 중국 AI시장 트렌드')다. 전 세계적으로 인공지능은 인간의 삶에 너무도 친숙하게 들어와 있다. 그리고 이를 통해 여러 분야와 융복합이 이루어지고 새로운 경쟁력을 갖춰가는 중인데, 우리가 인공지능에 대해 무지하다면 그것을 통한 더 큰 발전은 기대할 수 없다.

　미국과 중국에 비해서는 조금 늦었지만 우리나라도 인공지능에 특화된 관련 전문가, 대학 등의 의견을 수렴하여 인공지능 학과 개설 사업을 시작할 예정이다. 한국과학기술원(KAIST)은 2023년 이후 세계 최고 연구 역량을 보유한 교수진을 전임교원으로 구성해 단과대 수준의 인공지능대학을 추진 중에 있고, AI 대학원 산학협력센터를 설치하여 아시아 최고의 AI 밸리를 구축할 계획이다. 고려대는 인공지능 대학원 신설과 함께 AI 연구소를 설립할 예정이고, 성균관대는 현장 중심의 AI 혁신 연구를 위한 산학협력 프로그램에 주력할 계획이라고 한다. 정부 차원에서 진행되는 만큼 국내 인공지능 관련 대학의 계획들이 차근차근 추진될 것으로 보인다.

　중요한 것은 계획한 만큼 실현돼 그 결과가 나타나야 한다는 것이다. 국내에는 인공지능 인재가 부족한 만큼 인공지능 교육이 더욱 활발히 이루어져서 인재들이 많이 배출될 수 있어야 하겠다.

왜 인공지능에
주목해야 하는가

인공지능의 시대가 왔다. 모든 것을 변화시키고 새로운 세상을 열어줄 것이라 회자되는 인공지능.

인공지능이란 무엇일까? 인공지능은 컴퓨터가 인간의 지능적인 행동을 모방할 수 있도록 하는 것을 말한다. 인간이 만든 인공적인 지능이 인공지능이다. 인공지능이라는 용어는 1956년에 처음 등장했다. 1955년에 존 매카시(John McCarthy)와 마빈 민스키(Marvin Lee Minsky) 교수의 주도로 만들어진 인공지능은 1956년 다트머스 컨퍼런스(Dartmouth Conference)에서 등장한다. 당시는 '생각하는 기계'라는 명칭으로 사이버네틱스(cybernetics)나 오토마타(automata) 같은 용어들이 혼용되고 있었는데, 이를 통일해 인공지능으로 부르자고 제안한 것이다. 2015년 구글의 알파고가 등장하면서 사람들의 큰 관심을 받게 된다.

인공지능은 말 그대로 기계로부터 만들어진 인공적인 지능을 뜻한다. 중요한 것은 인공지능이 그 자체로 존재하기보다 다양하게 다른 분야와 직·간접적으로 연결되어 있다는 점이다. 인공지능은 어려운 기술이라기보다는 우리의 삶에 자연스럽게 녹아들고 있다. 따라서 기업들도 이제는 인공지능 기술이 무엇이며 어떤 일들을 할 수 있을지를 고민하기보다 과연 인공지능으로 무엇을 할지, 즉 인공지능과 어떤 분야를 연결할 것인지를 고민해야 하는 순간이다.

인공지능이 익숙하지 않게 느껴지는 이유 중 하나는 인공지능을 컴퓨터공학으로만 생각하기 때문이다. 물론 MIT 컴퓨터 과학자에게서 시작돼 컴퓨터공학으로 이어졌지만, 그것만으로 인공지능을 설명하기는 어렵다. 인공지능은 언어학, 생리학, 컴퓨터공학, 데이터과학, 뇌과학, 심리학, 인지과학, 물리학, 생물학, 통계학, 수학 등과 인문학이 융합되어 있기 때문이다. 인간을 대상으로 하고 있으므로 단순한 공학적 결합보다는 여러 인문학이 결합되고 융합되어 있는 통섭으로 보는 편이 옳다. 미국의 경우에도 딥러닝이 컴퓨터 외에 뇌과학과 생물학 등이 함께 연결되어 있다. 학문 간 융합(cross discipline)이 되었기에 발달할 수 있었던 것이다.

그렇다면 많은 분야가 얽혀 있으니 어렵게 생각해야 할까? 전혀 그럴 필요가 없다. 오히려 기술로만 받아들인다면 전문 용어나 알고리즘 같은 기술적인 부분까지 이해하고 알아야겠지만, 그보다는 우리에게 친숙한 부분에서부터 시작하면 된다. 이미 우리의 라이프스타일에 자연스럽게 녹아 있는데, 그것을 제대로 들여다보지 않았을 뿐이다. 자연스럽게 말하고 글을 쓰는 것처럼 우리는 인공지능을 사용하며 접하고 있다. 따라서 이제는 인공지능을 알지 못하는 문맹을 두려워해야 하는 시대인 것이다.

이전에는 글을 읽고 쓰지 못하는 사람을 문맹이라 했다. 요즘 그러한 문맹은 찾아보기 어렵다. 이후 컴퓨터를 사용하는 데 무지한 문맹이 등장하면서 나이 든 사람들을 대상으로 국가에서 무료 컴퓨터 교육을 진행하는 등 전 국민이 컴퓨터를 익히고 사용하는 데 어려움이 없도록 노력해왔다. 그다음으로 스마트폰 사용이 서툰 사람들을 문맹이라 지칭하기 시작했다가 이제는 인공지능을 모르면 문맹이 되는 시대가 된 것이다.

인공지능에는 호모사피엔스 30만 년의 역사가 고스란히 담겨 있다. 여태껏 쌓아올린 지식, 지혜, 혜안, 경험, 상상, 학문 등의 총 집합체가 바로 인공지능이다. 우리가 인공지능에 대해 알고 준비해야 하는 이유도 여기에 있다. 지금은 글이나 컴퓨터, 스마트폰과 같은 모바일 기기의 사용을 누구나 자연스럽게 여긴다. 숨쉬고, 밥 먹고 잠자는 일상에 자연스럽게 녹아들어 있는 것이다. 인공지능도 마찬가지다. 과학이 아니라 인류의 새로운 여정이고, 삶과 일의 새로운 방식이다. 인공지능은 새로운 시대의 메타노멀(meta normal: 초정상의 상태, 즉 일반적이고 일상적인 상황)이 되는 것이다. 생활화되고 일상화되어 개인이나 조직은 완전히 다른 총괄적인 성장 상태로 들어서게 된다. 이세돌과 바둑 대결을 벌였던 알파고나 영화 속에 등장하는 인간을 위협하는 로봇만이 인공지능이 아니다. 아주 작은 부분, 우리가 모르고 지나쳤던 부분에도 인공지능은 존재한다.

4차 산업혁명 시대가 도래하면서 인공지능, 블록체인 등 새로운 IT 관련 개념들이 등장하고 있다. 이 중 인공지능과 블록체인을 비교해보자면, 인공지능은 모든 산업에 필수적으로 활용되면서 거대한 생태계를 이루게 된다. 이에 반해 블록체인은 선택의 문제로서 연결과 분산, 규모의 선점을 위한 새로운 플랫폼이라 할 수 있겠다. 4차 산업혁명이 도래하면서 인공지능이 인간의 자리를 빼앗고 대체해 우리가 설 곳은 없어질 것이라 이야기한다. 한쪽에서는 말도 안 되는 소리라고, 실제로 그런 현상이 일어나려면 한참 멀었으니 걱정하지 않아도 된다고 한다. 어느 한쪽에서는 두렵기는 한데 과연 무엇을 해야 할지 몰라 아무것도 못하고 있다.

하지만 두렵다고 손 놓고 있기에는 인공지능으로 변화하는 세상의 속도가 너무 빠르다. 인공지능(AI)은 기업 슬로건에도 등장하고 있을 정도다. 한때 모든 기업들이 외치던 모바일(mobile)이 사라지고 인공지능이 등장하게 된 것이다. 어느새 모바일은 보편적이고 범용적으로 변했기 때문이다. 이제 모두가 인공지능을 주목하고 있나. 구글은 'AI First', 삼성은 'Always AI'를 슬로건으로 내세운 것만 보아도 기업에서의 주목도를 짐작할 수 있다.

어쩌면 우리는 이미 호랑이 등에 올라탄 것인지 모른다. 앞으로 무한 질주가 시작될 것이다. 그러니 달리는 호랑이 등에서 떨어지지 않으려면 그 속도를 이해하고 받아들여야 한다. 인공지능이 무엇인지, 우리가 무엇을 준비해야 하는지만이라도 생각하고 있어야 한다.

마빈 민스키와
얀 레쿤

    인공지능을 제대로 이해하려면 우선 인공지능이 어떻게 만들어졌는지를 알아보는 것도 좋겠다. 인공지능을 처음 이야기한 사람이 바로 마빈 민스키 교수다. '인공지능의 아버지'로 불리는 민스키 교수는 인공지능의 개념을 창시하였고, 88세의 나이로 세상을 떠난 2016년까지도 인공지능에 대한 연구를 멈추지 않았다.

    인공지능이란 연구 분야가 생겨난 것은 1956년 미국 다트머스 학회에서 시작된 작은 모임에서부터다. 여기에는 민스키 교수 외에도 당시 다트머스대 수학과 교수 존 맥카시와 벨연구소의 수학자 클로드 섀넌 등이 참여했다. 이렇게 3명으로 시작한 모임은 현재 인공지능학회(AAAI)로 성장하게 된다. 1958년 민스키 교수는 MIT 교수로 부임하게 되는데, 이듬해 존 맥카시와 함께 지금의 '컴퓨터과학 및 인공지능 연구실(CSAIL)'로 발전한 인공지능 연구실을 설립하면서 인공지능 프로젝트를 시작했다고 한다. 그 때부터 시작된 인공지능 연구에 대한 업적과 도전은 지금까지도 인공지능을 연구하는 학자들에게 이정표가 되어주고 있다.

마빈 민스키

민스키 교수는 인공지능을 '사람이 하려면 지능이 필요한 일을 기계가 하도록 만드는 과학'이라고 정의한 바 있다. 그는 '인간은 생각하는 기계'라는 철학을 바탕으로 인공지능에 대해 연구 했는데, 인간이 생각하는 기계라면 이를 실제 기계가 할 수 있도록 프로그램을 만들어내는 것이 가능하다고 여긴 것이다. 특히 그는 인간의 뇌신경망에 집중했는데, 뇌신경망을 모방하여 컴퓨터의 논리회로를 만들게 되면 컴퓨터도 인간처럼 지능을 가질 수 있다고 믿었다. 즉, 컴퓨터의 논리회로를 어떻게 연결하느냐에 따라 컴퓨터도 인간처럼 생각을 할 수 있다고 여긴 것이다. 민스키는 죽는 순간까지도 신경망(neural network)에 대한 연구를 멈추지 않았는데, 신경망이 일반적인 인공지능(General AI)의 난관이자 장애라고 말했다. 이런 신경망은 딥러닝과 연결된다.

딥러닝은 수십 개로 이루어진 사람의 뇌신경망을 모방한 '심층신경망'(DNN, Deep Neural Network)에 바탕을 두고 있다. 인공지능을 처음 이야기한 것이 민스키 교수라면, 딥러닝이라는 개념을 처음 끌어낸 사람은 토론토대학 교수 제프리 힌튼(Geoffrey Hinton)이다. 힌튼 교수는 학계의 관심을 끌지 못했던 신경망을 연구했고, 2004년

얀 레쿤

에는 토론토대학에서 컴퓨터 과학자, 물리학자, 생물학자, 뇌과학자들과 공동연구를 진행했다. 인공지능의 진정한 선구자라 할 수 있는 힌튼 교수는 현재 구글에서 인공지능 부문 수장도 맡고 있다. 2013년 힌트 교수가 창업한 기계학습 업체를 구글이 인수하면서 그 자리에 오르게 된 것이다.

제프리 힌튼의 유명한 수제자이기도 한 얀 레쿤(Yann LeCun)도 이 모임에 참여했다. 얀 레쿤은 얼굴 인식 기술의 대가이다. CNN을 이용한 컴퓨터 영상 인식(computer vision)과 인공지능 광문자 인식(optical character recognition)으로 유명하다. 그는 프랑스에서 대학을 졸업한 후 힌튼의 연구실에서 박사 과정을 하게 되는데, 그의 전공인 이미지 처리 기술에 대한 기초도 이때 완성되었다고 한다. 얀 레쿤은 현재 페이스북 수석 AI 엔지니어다. 2013년 페이스북은 인공지능 연구소(AI Research Lab)를 신설하면서 얀 레쿤을 소장으로 앉혀 인공지능 붐을 선도하고자 했다. 이후 그는 페이스북 수석 AI 엔지니어로 자리를 옮기게 된다. 사담을 곁들이자면, 얀 레쿤은 필자와 링크드인(LinkedIn) 친구이기도 하다. 인공지능 분야 내 최고의 인맥 중 한 사람인 셈이다.

인공지능과
딥러닝

　인공지능과 관련된 기사들을 보면 심심치 않게 등장하는 단어가 있다. 이 책의 앞 부분에도 자주 등장했던 딥러닝이다. 딥러닝(deep learning, DL)은 인공신경망을 이용하여 데이터를 분류하는 데 사용하는 기술을 의미한다. 수많은 데이터 속에서 패턴을 발견해 인간이 사물을 구분하듯 컴퓨터가 데이터를 나눌 수 있다.

　딥러닝과 머신러닝은 인공지능을 구현하는 구체적인 방식을 뜻한다. 머신러닝은 컴퓨터가 학습할 수 있도록 알고리즘을 개발하는 분야이며, 기계학습이라고 해석한다. 딥러닝은 심층학습으로, 일반적인 머신러닝과는 달리 사람이 데이터를 추출하지 않고 기계가 직접 추출해 저장하는 것이 특징이다. 인간의 뇌에서 일어나는 의사 결정 과정을 모방해 만든 것이 바로 딥러닝이다. 따라서 컴퓨터가 마치 사람처럼 생각하고 배울 수 있다. 딥러닝은 데이터의 양이 많고 정확성을 요

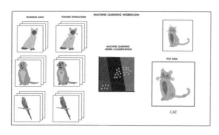

매스웍스 동영상(매스웍스 홈페이지, bit.ly/2mbB6md)

구하는 분야에서 많이 활용하는데, 사진과 동영상, 음성 정보 분류에 큰 도움이 된다.

머신러닝과 딥러닝에 대해 공학용 소프트웨어 'MATLAB'의 개발 언어인 매스웍스(Math Works)가 쉽게 해설해준 동영상이 있다. 흔히 이 둘의 차이를 설명하기 위해 개와 고양이 이미지를 예시로 든다. 매스웍스도 마찬가지다. 사람이 개와 고양이 이미지를 본 후 이를 구분하고 인식할 수 있는 것은, 해당 이미지를 뇌에서 분석하고 그 특징을 알아차려 개인의 지식과 경험에 따라 판단할 수 있는 능력을 가지고 있기 때문이다. 이 같은 일을 사람이 아닌 컴퓨터로 처리하는 것이 머신러닝과 딥러닝이 하는 일이다.

이때 접근 방식에 따라 차이가 나타난다. 머신러닝의 경우 인간이 먼저 처리한다. 컴퓨터가 인식할 수 있도록 주어진 데이터를 알맞게 분류하는 것을 사람이 먼저 하고, 그다음 컴퓨터가 데이터에 포함된 특징을 분석하여 그 내용을 축적한다. 이렇게 축적된 데이터를 바탕으로 이미지의 특징을 종합해 답을 내는 것이 머신러닝이다. 딥러닝은 이 머신러닝에서 사람이 하던 일도 모두 컴퓨터가 수행한다. 컨벌루션 신경망(CNN, Convolutional Neural Network)을 이용하여 스스로 분석한 후 답을 내는 것이다.

이렇게 서로 다른 특징을 보이는 머신러닝과 딥러닝은 사용하는 데에서도 차이가 있다. 머신러닝의 경우는 자신의 연구를 포함시킬 여지가 남아 있고 처리 시간이 짧은 반면, 딥러닝은 이용자의 많은 지식과 노력이 없어도 높은 정밀도를 얻을 수 있는 특징이 있다. 아울러 딥러닝과 머신러닝은 전문가에 따라 다르게 개념화하기도 한다. 미국 인공지능발전협회 회장이자 오리건주립대학 교수인 토마 디트리히는 유럽에서 머신러닝은 엔지니어링에 감성을 결합한 기술의 형태에 뿌리를 두고 있고, 미국에서는 인공지능이 대중의 인기를 바탕으로 한 과학소설의 느낌을 반영하고 있다고 이야기한다. 미국 국립과학재단의 정보 및 지능형 시스템 부문 책임자인 린 파커는 머신러닝은 데이터의 추세나 범주를 인식해 적절한 예측을 가능하게 하고, 딥러닝은 깊은(deep) 신경망(neural network), 즉 여러 계층에 배열된 대규모 신경시스템을 이용하여 학습하는 것을 의미한다고 말한다.

딥러닝은 인공지능에 있어서 현재 가장 진화된 알고리즘이다. 앞에서 설명했듯이 딥러닝을 통해 인공지능이 사람처럼 판단할 수 있으니 얼마나 대단한가. 또한 앞으로 얼마나 엄청난 결과를 가져올 것인지 쉽게 예측하기도 어렵다. 하지만 그럼에도 불구하고 문제는 존재한다. 인공지능도 간혹 어처구니없는 실수나 오류를 범할 때가 있다. 그런데 그 오류의 원인을 즉각적으로 알지 못하거나, 인공지능이 딥러닝을 통해 어떻게 이런 결정을 했는지 개발자조차 파악하지 못하는 경우가 있을 수 있다. 이것을 바로 '인공지능 블랙박스'라고 부른다. 이 때문에 XAI(설명 가능한 인공지능, explainable AI) 연구가 이어지고 있다.

XAI는 인공지능 시스템의 동작과 최종 결과를 해석하여 결과물이 생성되는 과정을 설명해주는 기술이다. 인공지능이 제대로 판단하고 있는지 차트와 분석을 통해 사용자에게 자세한 설명을 제공하는 것이다. 이를 통해 인공지능 블랙박스의 한계를 극복할 수 있다(자료 출처: Introduction to Deep Learning: Machine Learning vs Deep Learning).

알파고와 인간의 대결, 알파스타와 인간의 대결은 모두 인공지능의 승리였다. 이렇게 인공지능은 언제나 인간보다 월등한 능력을 갖고 인간을 앞서기만 하는 것일까. 많은 전문가들은 인간이 인공지능에 비해 창의적이고 감성적인 부분에서는 월등히 뛰어나며, 이는 인공지능이 침범할 수 없는 영역이라 이야기한다. 실제로 인공지능이 인간과의 직접 대결에서 패배를 맛본 사례도 있고, 사람과 똑같은 조건에서 도전했지만 성공하지 못한 경우도 있다.

인간이 인공지능보다 유능하다거나 뛰어나다는 이야기를 하려는 것은 아니다. 그보다는 이런 사례들을 통해 인공지능과 인간이 함께 협업할 수 있는 기회를 어디서 만들 수 있을지 고민할 필요가 있다는 것이다. 인공지능과 인간이 서로에게 부족한 점을 메워줄 수 있는 관계로 맺어질 때 그 시너지 효과는 무엇보다 클 것이기 때문이다.

인공지능을 두려워하기보다 새로운 세계에
대응하는 교육이 중요하다.
−에릭 슈미트(Eric Schmidt), 구글 회장

인공지능의 실패1
-대학에 떨어지다

    일본에서는 2011년부터 '로봇이 대학에 들어갈 수 있을까'라는 프로젝트를 진행했다. 대학 입시에 도전하는 인공지능 로봇은 '도로보군'이다. 첫 모의고사에서는 평균보다 낮은 점수로 시작했지만 2016년 모의시험에서는 950점 만점에 525점을 받았다. 도로보군은 암기에 기반을 둔 세계사나 수학에서는 압도적으로 월등한 실력을 보였다. 그러나 일본어와 영어의 경우엔 실력이 늘지 않았다. 이 때문에 그해 일본의 명문대인 도쿄대에 도전했지만 낙방하고 만다.

    이것이야말로 우리가 인공지능을 그저 단순히 수학과 과학으로만 여기는 데에서 벗어나야 하는 이유가 아닐까. 아울러 인공지능으로 많은 인력이 대체되어 사람이 설 곳이 줄어들 것이라 두려워했던 사람들에게 새로운 기회를 만들어준 것은 아닐까. 인공지능에 대한 부정적인 인식을 가진 사람들은 기술, 알고리즘, 모델 등 딱딱하고 건조한 부

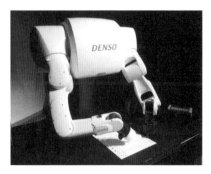

도로보

분만을 중점적으로 보았기 때문일 것이다. 하지만 인공지능의 목표는 인간의 감성을 인지하고 반응하며 활용하는 데 있다. 따라서 인공지능을 그저 기술로만, 과학으로만 볼 것이 아니라 다양한 분야, 즉 인공지능과 접목이 가능한 분야에 관심을 가져야 한다.

인공지능의 미래 로드맵은 아마 지식에서 지혜로 가는 길일 것이다. 지식은 학습을 통해 쌓고 수많은 데이터를 통해 얻어낼 수 있지만 지혜는 조금 다르다. 경험과 체험을 통해 얻어지는 것이다. 인공지능이 도쿄대에 낙방한 것도 이런 지혜가 부족해서는 아닐까. 배움과 동시에 감성과 감정이라는 것도 함께 필요한데, 이는 사람이 함께 어울리며 경험하는 데에서 나오기 때문이다.

인공지능의 실패 2
-토론 배틀에서 패배하다

인공지능과 사람이 서로 토론한다면 어떨까? 누가 이길지 예상할
수 있는가?

인간의 창의력 분야까지 넘보는 인공지능이니 토론 경쟁에서도 우
위를 보이지 않을까 생각했었다. 그런데 결과는 인공지능의 패배였다.
인공지능과 인간의 토론 배틀은 미국 샌프란시스코에서 열린 IBM 연
례 기술 컨퍼런스 'IBM Think 2019'에서 시도됐다. 인공지능에게 패
배를 안겨준 인물은 하리시 나타라얀(Harish Natarajan)인데, 그는
2012년 유럽 토론 챔피언십 우승자로 2016년 세계 토론 챔피언십에서
는 최종 결승에 진출했던 인물이나. 지금까지 수많은 사람들과 토론하
고 승리도 거두었지만, 인공지능과의 최초 토론에서 승리했다는 것 때
문에 큰 관심을 끌었다.

패배에 그친 인공지능은 IBM의 토론 인공지능인 '프로젝트 디베

이터(Project Debater)로 신문과 학술자료 100억 개의 문장을 기반으로 지식을 쌓았다. 2018년 6월에는 2명의 이스라엘 토론 챔피언과의 대결에서 승리하기도 했다. 너무도 자신만만하게 토론 배틀에 앞서 "어서 와, AI와 토론은 처음이지? 미래에 온 걸 환영해"라며 농담 섞인 인사를 건네기도 했다.

사전 고지 없이 시사 문제 중에서 무작위로 선정된 토론 주제는 '정부의 유치원 보조금 지급'이었다. 프로젝터 디베이터는 찬성, 나타라얀은 반대의 입장에 서서 토론하게 되었다. 이들은 자신의 주장을 이야기하고 서로의 의견을 반박하기도 하며 토론을 이어나갔다. 다른 점이라면 프로젝트 디베이터는 풍부한 연구 자료와 통계를 근거로 들었고, 나타라얀은 청중의 반응에 따른 다양한 몸짓과 목소리 조절로 분위기를 이끌었다는 것이다. 나타라얀이 더 많은 사람들을 설득하여 승리했다. 행사에 참석한 청중을 대상으로 토론 전후 어느 쪽을 지지하는지 온라인 투표로 조사했더니, 찬성 입장은 79퍼센트에서 62퍼센트로 감소한 반면, 반대 입장은 토론 전 13퍼센트에서 30퍼센트로 증가했다.

이런 결과가 나올 수 있었던 데에는 다양한 몸짓과 청중의 반응에 따른 적절한 억양 조절 등 감성적인 접근이 더 설득력을 가질 수 있었기 때문이다. 프로젝트 디베이터는 다양한 정보를 근거로 내세웠지만 딱딱한 기계의 단조로운 목소리 탓에 설득력이 조금은 부족했던 것으로 보인다. 하지만 그렇다고 해서 토론 분야에서는 인공지능의 능력이 소용없는 것은 아니다. 감정적인 접근은 부족했을지언정 다양한 정보를 제공하여 더 나은 결정을 내리도록 도울 수 있는 잠재력을 가지고 있는 것이다. 이것이야말로 인공지능과 인간이 함께 협업한다면 이 세상에 설득 못할 사람은 없다고 말할 수 있는 이유다.

인공지능의 양대 산맥:
IBM과 구글

인공지능 기업의 원조라 할 수 있는 IBM과 구글은 경쟁관계에 있다. 분명 IBM이 좀 더 원조격이지만 구글의 딥마인드가 개발한 인공지능 알파고와 이세돌 9단의 대국이 전 세계의 주목을 끌면서 인지도가 올랐다. IBM의 경우 이미 1997년에 인공지능 슈퍼컴퓨터 '딥블루'가 체스 챔피언인 개리 카스파로프를 상대로 승리한 바 있고, 2011년에는 왓슨이 미국의 유명 퀴즈쇼 제퍼디에 참가하여 우승을 차지했다. 그런데 타 종목에 비해 사람을 이기기 훨씬 어렵다고 여겨지는 바둑에서 알파고가 인간을 뛰어넘는 모습을 보여주자 구글이 세계적으로 주목받게 된 것이다.

그렇다면 앞으로 인공지능 시장에서 더욱 두각을 나타내는 곳은 어느 쪽일까? 아무래도 구글이 더 유리할 것으로 보인다. 이미 구글은 소비자 시장에서 더 많은 데이터를 보유하고 있기 때문이다. 두 기업이 인공지능을 훈련시키는 방식에서도 확연한 차이가 나타난다. IBM은 사람이 정리한 자료나 논문을 바탕으로 왓슨을 학습시키는 반면, 구글은 자사 서비스를 통해 확보된 사용자 빅데이터로 훈련시키고 있다. 자연히 소비자들의 데이터를 더 많이 보유하고 있는 구글이 시장에서 우위를 점하게 된다. IBM보다는 조금 늦게 인공지능 연구를 시작했다고는 하지만, 구글이 인공지능계의 스타트업들을 적극적으로 인수함으로써 기술과 정보를 확보해나가고 있다는 점에서도 더 성공 가능성이 높아 보인다. 알파고 또한 영국의 스타트업 기업인 딥마인드를 2014년 구글이 인수하면서 개발을 본격화한 것이다.

물론 IBM의 왓슨이 전혀 시장에서 활용되지 않는다는 이야기는 아니다. 다만 인공지능이 좀 더 소비자와 가깝게 활용된다는 의미에서 그렇다는 이야기다. 최근 구글의 딥마인드는 알파고에 이어 게임 인공지능인 '알파스타(AlphaStar)'를 개발하여 인간과 스타크래프트2 경기에서 10승 1패로 승리했다. 지금까지 그 어떤 인공지능도 프로게이머들을 상대로 이긴 적이 없기에 구글의 수준이 한층 더 높아졌다고 평가하는 것이다.

2017년에 국내에서 치러진 인간과 인공지능 간의 첫 스타크래프트 대결에서는 국내 프로게이머가 4 대 0으로 완승을 거두었다. 이는 스타크래프트가 전략 시뮬레이션 게임이어서 인간에게 유리하기 때문이다. 오히려 바둑보다 더 인간에게 유리하다고 하는데, 바둑판에서는 모든 돌이 보여 경우의 수를 만들어낼 수 있지만 스타크래프트에서는 게이머가 정찰하지 않은 지역은 가려져 있어 볼 수 없고, 시간이 흐름에 따라 적이 어디로 움직이는지 알 수가 없다. 더욱이 바둑은 교대로 돌을 놓으니 계산할 여유가 있지만, 스타크래프트는 실시간으로 진행되므로 인공지능이 연산할 시간이 부족하다는 것이다.

이에 딥마인드는 알파스타에게 이미 공개된 프로게이머의 경기 내용을 훈련시켰다고 한다. 더불어 알파스타를 여러 버전으로 나눈 뒤 서로 대전하는 방식으로 학습 단계를 더욱 높였다. 이렇게 2주일간 연습한 양은 사람으로 치자면 200년 치에 해당될 정도로 어마어마하다. 더욱 흥미로운 것은 대결 후 프로게이머가 말하길, 알파스타는 사람이 플레이하는 것과 흡사했다고 한 것이다.

인공지능은 발전할수록 인간과 더욱 흡사해진다. 앞으로 더 시간이 흐르면 인공지능과 인간을 구별하는 것이 어려워지는 순간이 올지도 모른다.

인공지능 갭

인공지능 도입 시에 실제 상황과 현장에서 생기는 현실의 간격을 인공지능 갭이라 한다.

인공지능은 다양한 분야에 존재한다. 많은 분야에서 알게 모르게 사람들이 사용하다보니 자연스럽게 현실과의 갭이 생기게 마련이다. 이 갭을 줄여나가는 것이 인공지능의 성장과 도입, 확산의 비결이 될 것이다.

인공지능과 현실과의 갭 중 하나는 말로 명령하고 이를 실행하는 데서 나타난다. 음성인식 인공지능은 사람과의 대화를 학습하고 실행하지만 사람의 말을 완벽하게 다 알아듣진 못한다. 명령어를 한 번에 알아듣지 못하는 경우가 있는가 하면, 여러 번 반복했음에도 불구하고 전혀 다른 내용으로 받아들일 때도 있다.

사람과 사람 사이는 대화를 통해 친숙한 관계를 형성하고 그 사이에 습관이 생성되는데, 인공지능은 이런 습관이 미처 만들어지지 않았기 때문이다. 사람의 경우에는 친숙한 사이일수록 부정확한 발음이나 스쳐 지나가듯 말해도 척하면 척이라고, 대개는 알아듣지만 인공지능은 다르다. 아직까지는 명령어를 정확히 말하지 못하면 사람이 원하는 대로 실행하기도 어렵고, 답을 듣기도 어렵다. 특히 사람이 많고 소리가 울리는 큰 매장이나 공항에서는 사람의 목소리를 완전히 인식하지 못하는 경우도 있다. 이는 애초 음성인식 인공지능을 실험한 공간과 실제 사용하는 공간의 차이 때문이다. 실험하고 테스트하던 곳은 사방이 조용하고 집중할 수 있는 공간이었을 테지만, 실제 사용하는 곳은 좀 더 소음이 많을 수밖에 없다. 이러니 당연히 갭이 존재하게 된다. 이러한 갭을 줄여가는 것이 인공지능을 더욱 활성화하는 지름길일 것이다.

우리 모두 컴퓨터 프로그래밍(코딩)을 배워야 한다.
생각하는 방법을 가르쳐주니까.
—스티브 잡스(Steve Jobs)

인공지능과
데이터

데이터는 수많은 사람들이 생산한 결과물이라 할 수 있다. 매 순간 엄청난 양으로 생산되고 있는 데이터를 활용하면 사람들의 생각과 행동의 변화를 읽을 수 있다. 무수히 많은 데이터 속에는 매우 중요한 정보들이 가득한 것이다. 시간이 흐를수록, 정보통신이 발달할수록 빅데이터에 대한 관심은 더 높아져간다. 방대한 정보이기에 이를 수집, 저장하고 분석하는 과정이 필요해졌고, 전문가도 등장했다. 말 그대로 빅데이터이기에 그 중요성은 말할 필요도 없다.

제프 베조스가 창업한 세계 최대 전자상거래 업체 아마존. 2013년 아마존은 예측배송(anticipatory shipping)이라는 시스템을 개발하여 큰 성공을 이끌었다. 이는 고객이 구매 의사를 표시하기도 전에 특정 상품의 배송을 미리 준비하는 것으로, 빅데이터가 있었기에 가능한 서비스다. 고객의 주문 내역이나 검색 내역, 구매 희망 리스트, 심지어 커서가 오래 머문 상품 목록 등의 데이터를 분석하여 그 고객이 구매할 것으로 예상되는 상품을 근처 물류 창고로 옮겨 놓는 것이다. 데이터를 어떻게 활용해야 하는지를 명확히 보여주는 전략이다.

인공지능시대에는 이런 빅데이터가 더욱더 중요하며 중추적으로 활용된다는 사실에 주목해야 하겠다. 데이터가 폭발적으로 증가함에 따라 인공지능도 엄청난 속도로 함께 발전할 수 있었다. 이미 60년 전에도 존재하던 인공지능이 지금 활용도가 훨씬 더 높아진 것도 빅데이터 덕분이다. 과거에는 제한된 데이터를 활용할 수밖에 없었다. 그러나 지금은 다르다. 그때에 비하면 방대한 규모를 가지고 있고, 생성 주기도 짧다. 자연스럽게 미래 경쟁력의 우위를 좌우하는 중요한 자원으로 활용될 가능성이 높아졌다.

단순히 기능적이고 포괄적인 데이터에서 이제는 인공지능의 원천이 되어주는 데이터. 특히 머신러닝과 딥러닝을 위해서는 더 많고 질 좋은 데이터(better & more data)가 중요하다. 데이터는 원유라고 할 수 있기 때문이다. 머신러닝은 사람이 학습하듯 컴퓨터에도 데이터를 입력하여 스스로 학습하게 만든다. 이를 통해 인공지능은 사람과 비슷한 결과를 낼 수 있다. 딥러닝은 머신러닝에서 한 발 더 나아가 학습을 하면서 각 데이터가 갖는 의미를 학습하고, 새롭게 입력된 데이터의 의미를 알아내기도 한다. 그리고 예측하고 추측한 답을 내놓으면 이에 대해 사람이 피드백을 주고 인공지능이 또 다시 학습을 한다. 이렇듯 머신러닝과 딥러닝에는 반드시 데이터가 필요하다. 우리가 인공지능을 활용하기 위해서는 데이터가 충분해야 한다는 것도 그래서다.

빅데이터가 인공지능에 잘 활용된다면 더 이상 동물실험이 필요 없게 될지도 모른다. 새로 만든 화학물질이 제품이 되기 위해서는 동물실험을 피할 수 없었지만 근래에는 화장품 업계를 비롯하여 제품의 안정성 시험에 동물 사용을 금지하거나 규제하고 있다. 최근 독성시험 결과를 담은 기존의 데이터베이스를 바탕으로 새 화학물질의 독성을 예측하는 인공지능 알고리즘이 개발되었다고 한다. 미국 존스홉킨스 동물대체시험연구센터의 토머스 하퉁(Thomas Hartung) 교수 연구진은 화학물질 독성 관련 빅데이터와 인공지능의 머신러닝 기법을 이용해 새로운 알고리즘을 개발할 수 있었다. 예측 정확도가 평균 87퍼센트에 달해, 동물실험을 대체하여 화학물질 평가에 사용될 가능성도 높다고 한다.

이렇듯 빅데이터는 활용도가 매우 크고 영향력도 크다. 특히 인공지능을 제대로 활용하기 위해서는 비식별 데이터를 충분히 활용해야 한다. 데이터를 잘 활용하면 세계 최고의 인공지능 강국이 될 수 있다. 국내에서도 국가 차원의 전략적 투자가 필요한 혁신성장 전략투자 분야로 인공지능을 선정하고, 정부 차원에서 인공지능을 통해 중소기업과 벤처기업의 경쟁력을 높일 수 있도록 데이터 개방과 제공을 확대한다고 한다. 이는 인공지능 개발에 학습용 데이터가 필수적임을 인정한 것이다. 학습용 데이터란 인공지능 학습에 활용할 수 있는 형태의 데이터로, 인공지능 기술과 서비스 개발을 위한 필수 요소라 할 수 있다. 필수적임에도 불구하고 데이터를 구축하는 데 많은 시간과 비용이 소요되므로 중소기업에서는 자체적으로 확보하기 어려운 점을 감안해 정부 차원에서 지원하겠다는 것이다.

인공지능이 도출해내는 결과는 얼마나 많은 데이터로 학습시켰는가에 따라 결정된다. 학습용 데이터의 양이 적으면 자연히 일반화 능력이 부족해진다. 우리가 원하는 옳은 판단을 내리지 못하는 것이다. 그러니 인공지능에 있어 데이터란 얼마나 중요한가. 이에 정부가 학습용 데이터를 제공한다면 인공지능 활용이 더욱 활성화되어 더 큰 인공지능 생태계가 만들어질 것이다. 이것야말로 인공지능 강국으로 가는 올바른 길이다.

인공지능
선진국들의 도전

비단 우리나라만의 이야기가 아니다. 이미 전 세계적으로 인공지능에 대한 관심과 연구는 끊임없이 이루어지고 있다. 그 경쟁은 매우 치열하다. 내로라하는 글로벌 기업들은 이미 모든 기술과 서비스, 제품의 최종 목표로 인공지능을 이야기한다. 미국 독일 일본 중국 등 모두가 국가 차원에서 인공지능에 대한 장기 대책을 내놓고 있다. 특히 미국과 중국이 주도국인데, 그중에도 주목해야 할 것은 많은 전문가들이 머지않아 중국이 미국을 추월할 것으로 예상한다는 점이다. 인공지능 기술 개발에 필요한 핵심 요소가 데이터라는 점에서 보면 중국이 양질의 빅데이터를 다량으로 보유하고 있으니 실현 가능성이 높은 예언이다.

2018년 4월 10일, 미국 백악관에 알파벳(구글 지주회사), 아마존, IBM, 마이크로소프트 등 40여 개 기업과 대형은행, 대학, 연구소 관계자들이 모였다. 이들이 모인 이유는 미국 정부가 인공지능산업 지원에 나서지 않는다면 기술 리더십을 중국에 넘겨주게 될지도 모른다는 우려 때문이었다. 인공지능 기술을 선도하는 국가는 당연 미국이고, 구글을 비롯하여 아마존, IBM, 마이크로소프트가 이미 인공지능을 제품에 적용하고 있지만, 중국 정부 차원에서 이루어지는 인공지능에 대한 집중 투자가 두렵게 느껴진 것이다.

도널드 트럼프 행정부는 미국이 인공지능 선두 주자가 될 수 있도록 규제를 낮추고 지원을 늘리겠다고 발표했다. 국가적으로 인공지능에 얼마나 큰 관심을 두고 있는지를 알 수 있다. 이런 미국을 위협하고 있는 중국도 미국에 이어 2018년 10월 31일, 베이징에서 인공지능을 주제로 시진핑 주석과 리커창 총리 등 25명의 정치국원들이 모여 인공지능의 발전 현황과 추세에 대한 강연을 듣고 토론을 벌였다. 시진핑 주석은 인공지능은 신과학기술 혁명과 산업 변혁을 이끄는 전략 기술이자 분수 효과가 강력한 기술이며, 중국이 기술 경쟁의 주도권을 줠 핵심 수단이자 과학기술, 산업구조, 생산력을 비약시킬 전략 자원이라고 이야기했다.

중국은 거대한 데이터와 시장 잠재력을 지렛대로 활용하고, 중앙 집권적 시스템을 통해 중국만의 강점을 발휘하여 인공지능 강국이 되겠다는 목표를 갖고 있다. 그리하여 미국의 4.6배에 이르는 액수인 매년 55억 달러를 쏟아붓고 있다. 2030년까지 인공지능의 모든 분야에서 세계 최고에 올라서겠다는 계획하에 기업들도 함께 노력하고 있다.

IT 빅 3인 바이두, 알리바바, 텐센트를 선두로 하여 인공지능 연구를 지속적으로 진행 중이다. 2017년 인공지능 특허 건수가 2,368건에 이르는 바이두는 중국 1위의 인공지능 선두 기업이다. 바이두의 회장 장야친이 "10만 명의 인공지능 인재를 양성해 5년 뒤에는 미국을 추월하겠다"고 공언한 것으로도 알 수 있듯이 중국은 국가 차원에서 인공지능을 최우선 목표로 두고 있는 것이다.

특히 인공지능에서 빠질 수 없는 빅데이터의 경우 14억에 달하는 인구가 쏟아내는 양이 압도적이다. 아울러 인공지능 관련 특허 증가율이 미국의 7배에 달할 정도로 활발한 연구가 이어지고 있다. 그 결과, 미국 비영리 조사기관인 앨런 AI연구소는 2019년 보고서를 통해 정상급 논문에서 중국이 미국을 따라잡고 있다고 발표했다. 인용 횟수를 따진 상위 10퍼센트 인공지능 논문에서 미국은 29퍼센트의 점유율로 선두를 지켰으나 26퍼센트인 중국과 별로 차이가 크지 않다. 논문의 인용 횟수는 인공지능 연구 분야에서의 영향력을 나타내는 것이기에 그 점유율의 의미는 크다. 즉, 인공지능 분야에서 중국이 미국을 여러모로 위협하고 있다는 의미로 해석할 수 있는 것이다.

뿐만 아니라 2017년에는 '신세대 AI 3년 발전계획' 등을 발표하며 인공지능 관련 3단계 비전도 선포하였다. 중국에서는 인공지능과 관련하여 흥미로운 일들이 많은데, 최초의 '인공지능 공원'도 이에 해당한다. 중국 베이징 하이뎬구와 바이두가 합작하여 만들어낸 세계 첫 인공지능 공원은 기존 공원의 모습을 유지한 채로 사람들이 다양한 인공지능 시설을 체험할 수 있도록 했다.

바이두의 자율주행자동차인 아폴로가 운영되고, 산책로와 인공지능을 결합한 '스마트 보도'로 걸어다닐 수 있다. 860미터에 달하는 보행로의 출발점과 중간 지점, 그리고 도착점에는 얼굴 인식 카메라가 설치돼 이용자들의 운동 상태가 체크된다고 한다. 얼마큼의 열량을 소모했고 이동거리는 어떻게 되는지 운동 정보가 바로 표시되는 것이다. 이 밖에도 정자에서는 인공지능과 일대일 대화를 하며 그날의 날씨와 뉴스를 확인할 수 있고, 중국의 공원에서 흔히 볼 수 있는 태극권을 증강현실 모니터를 통해 배울 수 있다. 중국이 인공지능을 국가 전략산업으로 삼아 대중의 삶에 직접적이고 다양한 방법으로 활용되도록 노력하고 있음을 볼 수 있는 사례다. 특히나 중국의 인공지능 업계 트렌드가 안면인식에 집중되어 있음도 알 수 있다.

미국과 중국뿐 아니라 유럽 국가들도 인공지능은 국가적으로 주목해야 할 분야라고 인식하고 국가적인 투자와 연구계획을 속속 발표하고 있다. 2018년 3월 EU 집행위원회는 2020년까지 인공지능 분야에 200억 유로를 투자하겠다고 발표했다. 영국과 프랑스도 인공지능산업 육성을 위한 투자계획을 내놓은 상태다.

독일의 경우 2025년까지 독일을 '글로벌 AI허브'로 만들겠다는 계획을 발표했다. 독일은 수십 년간 산업 기술 혁신의 선도적 역할을 해왔지만 디지털 기술보다는 제조 분야에 집중하였기에 지금에 이르러서는 미국이나 중국에 뒤처진다는 우려가 나오고 있다. 이에 앙겔라 메르켈 독일 총리는 2018년 11월 인공지능 국가 전략을 발표했는데, 향후 6년에 걸쳐 연방정부에서 30억 유로를 집중 투자할 계획이라고 밝혔다. 아울러 인공지능 기술을 개발하고 있는 100대 대학에는 자금을 지원하고, 1988년 설립된 독일 인공지능 연구센터(DFKI)의 시설을 보완하기로 했다고 한다.

프랑스의 경우, 2022년까지 인공지능 분야에 2조 2000억 원을 투자할 계획이다. 에마뉘엘 마크롱 프랑스 대통령은 인공지능에 지대한 관심을 가지고 있다. 전 세계 지도자 중에서도 가장 적극적으로 인공지능 육성에 힘을 쏟고 있는데, 인터뷰에서 스스로가 인공지능 혁명의 한 부분이고 싶고, 인공지능 리더 중 한 사람이 되고 싶다고 이야기할 정도다. 마크롱 대통령이 이런 생각을 하게 된 것은 몇 년 전 참석한 CES에서 인공지능이 기술, 경제, 사회 모든 부문에서 혁신을 이루고 혁명을 가져올 것임을 직접 목격했기 때문이다.

그는 정부의 통제 아래 인공지능이 사회와 공존하기 위한 전략을 세우고, 앞으로 사라질 일자리를 보호할 것이 아니라 새로운 일자리를 갖도록 교육하고 기회를 주어야 한다고 이야기했다. 이에 인공지능 국가전략을 세워 민간기업의 인공지능 연구센터를 적극 유치하고, 정부 차원에서 빅데이터를 제공하며, 실험을 위한 규제를 간소화하기로 하였다. 그 덕분인지 프랑스 파리에 '알파고'를 만든 구글 딥마인드의 사무실을 열었고, 마이크로소프트는 파리 인공지능학교에 3년간 3,000만 달러를 투자하고 40만 명에게 인공지능을 교육해 3천 개 일자리를 만들 계획이라고 한다. 뿐만 아니라 페이스북은 파리 인공지능연구소 연구원을 2배로 늘리는 등 3년간 1,000만 유로를 투자하기로 했다. 삼성전자도 파리에 인공지능연구소를 설립한다. 뿐만 아니라 블라디미르 푸틴 러시아 대통령은 최근 인공지능을 가진 국가가 세계를 지배할 것이라고 말하며 인공지능에 대한 투자를 강조했고, 연간 1250만 달러를 투자하고 있다.

일본 또한 정부의 미래 혁신 정책인 'AI 전략 2019'에 따라 인공지능 맞춤 실무 교육을 도입한다고 한다. 이는 전 국민을 대상으로 하는 것으로, 초등학교를 시작으로 중고등, 대학, 평생교육에 이르기까지 단계별로 체계적이다. 특히 초등학교와 중학교 과정에서 프로그래밍 교육을 의무화하여 기초 정보 활용법을 가르치게 된다. 고등학교에 진학해서는 데이터 관련 과목을 배우게 되는 것이다. 이렇게 되면 누구나 초중고를 졸업할 때가 되면 인공지능에 대한 기본 소양은 갖추게 되는 것이다.

그렇다면 한국은 어떠한가. 중국의 인공지능 기업은 1,040개로 전 세계의 21퍼센트를 차지하며 세계에서 인공지능 기업이 가장 많은 도시로 베이징이 꼽힌 데 비해, 한국의 인공지능 기업은 고작 26개에 불과하다. 뿐만 아니라 인공지능 관련 특허도 중국이 37퍼센트로 제일 많은 반면 우리는 고작 8.9퍼센트에 그쳤다. 이는 앞서 이야기했듯 중국은 국가적 지원이 인공지능에 대한 연구와 혁신을 촉발하고 있기 때문이다. 우리나라의 경우 인공지능을 활용하는 수준은 높은 편이지만, 관련 기반기술이나 인력 등에서는 뒤처져 있다. 국가 차원의 과감한 정책적 지원이 필요한 시점이다.

2019년, 드디어 정부는 인공지능 산업을 육성하여 2023년까지 글로벌 선도국가로 도약하겠다는 계획을 내놓았다. 아직 갈 길이 멀지만 지금부터라도 인공지능을 위해 치열하게 물밑 경쟁을 시작해야 한다.

사업에 쓰이는 기술 모두에 적용되는 첫 번째 규칙은,
효율적인 작업을 위해 적용된 자동화 방식은 효율을
극대화시킨다는 점이다. 두 번째는, 비효율적인 작업을 위해
적용된 자동화 방식은 비효율화를 극대화시킨다는 것이다.

—빌 게이츠(Bill Gates)

끝이 없는
로봇의 진화

로봇(robot)이란 단어는 1920년 체코슬로바키아의 극작가 카렐 차페크(Karel Capek)의 희곡 〈로섬의 인조인간(R.U.R, Rossum's Universal Robots)〉에 나오는 주인공 이름에서 시작되었다고 할 수 있다. 로봇은 체코어로 '일하다', '노동'을 의미하는 'robota'에서 비롯되었다. 즉, 로봇은 인간이 해야 할 일을 대신 수행하도록 만들어졌다는 것이다. 로봇은 반복적이고 위험한 노동을 대신하기 위해 고안되었고, 이미 많은 분야에서 인간을 대체하여 다양한 일을 수행하고 있다. 또한 '터미네이터', '스타워즈' 같은 영화 속에서도 주인공으로 등장한다. 이때의 로봇은 더욱 인간과 같은 모습을 하고 있을뿐더러 스스로 판단하고 감정을 느끼기도 한다.

아마 앞으로의 인공지능 로봇들은 영화에 등장했던 것과 유사한 모습을 보일 것이다. 이것이야말로 휴머노이드 로봇으로, 외형은 사람과 비슷하며 두 발로 걷고 두 팔로 자유롭게 무언가를 조작할 수 있는 기능을 갖게 된다. 아울러 여기에 인공지능이 더해지면 로봇과 친구가 되고, 함께 인생을 살아가는 동반자까지도 기대할 수 있을 것이다. 이런 로봇을 소셜 로봇(social robot)이라고 한다. 단순히 사람이 하기 힘든 일을 대신 해주던 로봇에서 감성 중심의 로봇으로 진화하는 것이다. 이런 로봇은 가정용으로 활용하기 좋다. 지보(Jibo)가 이에 해당한다. 2017년 25대 발명품 중 하나로 꼽힌 지보는 미국의 시사 주간지 〈타임〉의 표지를 장식할 정도로 주목을 받았다. 2014년 크라우드 펀딩 사이트인 '인디고고'에 등장하며 큰 인기를 끌었고, 세계적으로 상당한 금액을 투자받기도 했다.

하지만 지보는 제품 출시를 앞두고 소셜 로봇의 실패작으로 꼽히게 된다. 제품 출시 두 달 만에 사령탑이 바뀌고 직원들이 해고를 당하면서 처음부터 지보와 함께한 사람들이 자리에서 물러나게 된 것이다. 여기에 비슷한 시기에 소개된 아마존의 에코에 비해 가격도 비싸서 대중이 지보를 선택할 이유가 없어져버렸다. 이후 소셜 로봇은 인공지능 스피커와 비슷하게 가정용 로봇으로 활용되면서 차별점이 없이는 관심을 끌기가 더욱더 어려워졌다.

하지만 가정용 로봇이 우리의 삶에 깊숙이 들어오면 이야기는 달라진다. 미국 라스베이거스에서 열린 세계 최대 전자쇼 'CES 2019'에서는 지금이라도 당장 가정에 투입될 수 있는 로봇들이 대거 소개되었다. 단순히 기술 시연이 아닌, 실제 활용 가능한 로봇들 말이다. 삼성전자가 다양한 플랫폼으로 확장한 삼성봇(Samsung Bot)은 혈압·심

로벨프(로벨프 홈페이지. www.robelf.com)

장박동·호흡 등을 측정해주는 등 돌봄이 필요한 사용자를 도와주는 '삼성봇 케어', 집 안의 공기질을 관리하며 공기가 나빠진 곳을 스스로 찾아가 정화하는 '삼성봇 에어' 등 가정용 로봇을 선보였다. 육아용 로봇들도 등장했는데, 한글과컴퓨터가 선보인 '로벨프(Robelf)'는 사람을 대신해 육아를 수행하는 로봇이다. 내장된 카메라를 통해 앱으로 접속한 부모가 아이를 보면서 말을 걸 수도 있다. 그런가 하면 낯선 사람이 침입하거나 방문했을 때는 경고를 하기도 한다. 중국 링테크(Ling Tech)의 '루카(Luka)'는 배경음악과 함께 책을 읽어주는 인공지능 로봇이다. 〈타임〉 지가 발표한 '25대 혁신 제품'에도 선정됐을 정도로 전 세계가 가장 주목하는 로봇으로 평가받는다.

애완용 로봇도 관심을 끌었는데, 일본의 로봇 제조 스타트업인 그루브엑스(Groove X)의 '러봇(Lovot)'은 얼굴인식 기능을 장착한 애완동물 로봇을 공개했다. 얼굴인식을 통해 100명까지 서로 다른 얼굴을 알아볼 수 있다고 한다. 또한 호의적인 반응을 보일수록 러봇의 행동도 달라진다. 진짜 애완동물과 다를 바 없는 것이다. 미국 스타트업 조에틱에이아이(Zoetic AI)의 애완용 로봇 '키키(kiki)'도 사람이 슬픈 표정을 지으면 흥을 돋우기 위해 경쾌한 음악을 틀거나 춤을 춘다.

빨래를 정리해주는 인공지능이 탑재된 옷장도 있다. 일본의 스타트업 세븐 드리머스(Seven Dreamers)가 2015년 개발한 빨래 개주는 옷장 '런드로이드(Laundroid)'이다. 언뜻 보기에는 보통의 옷장과 다를 바 없어 보이지만, 옷장 안에서 인공지능의 명령을 받는 로봇 팔이 움직이고 있다. 런드로이드의 인공지능이 25만 6000가지 형태의 의류 이미지와 그에 따라 가장 적절하게 개는 방법을 학습했기 때문에 사용자는 런드로이드의 아래쪽 서랍에 빨래를 넣어두기만 하면 된다. 그러면 로봇 팔이 사이즈, 재질, 형태 등에 따라 옷감에 가장 구김이 덜 가는 방법으로 옷을 갠다. 다 갠 빨래는 미리 설정해놓은 종류별 또는 가족 구성원별로 분류하여 위쪽 선반에 차곡차곡 정리한다. 세탁물을 분류하고, 개고, 보관하는 모든 과정을 알아서 다 해주는 것이다. 하지만 런드로이드도 하지 못하는 것이 하나 있으니, 바로 양말 짝 찾기다. 우리가 빨래요정이 물고 도망갔다는 양말 한 짝의 행방을 모르듯, 런드로이드는 흩어져 있는 양말의 짝을 찾기 어려워한다는 것이다.

이렇게 인공지능 로봇이 우리의 라이프스타일, 가정생활에 다양하게 활용되는 것은 매우 흥미롭다. 인공지능과 로봇은 산업의 많은 분야에서 다양하게 범용적으로 사용될 범용기술(general purpose technology)이다. 이런 인공지능과 로봇을 이용해 피자를 만들고 배달하는 기업이 있다. 바로 미국 실리콘밸리의 스타트업인 줌피자(Zume Pizza)다. 2015년에 출범해 최근 소프트뱅크로부터 3억 7500만 달러의 투자를 유치했다. 이미 미국의 피자 시장은 포화상태로 후발 주자들이 성공하기엔 어려운 상황이었음에도 이렇게 투자까지 받을 수 있었던 것은 인간과 로봇과 인공지능이 더해진 피자 업체로서의 발전 가능성 때문일 것이다.

줌피자

줌피자는 스마트폰을 통해 주문과 결제가 완료되면 피자를 만들기 시작한다. 반죽은 사람이 하고, 도우에 소스를 바르는 것은 로봇이 한다. 그 위에 사람이 토핑을 얹으면 피자는 굽지 않은 상태로 배달 트럭으로 옮겨진다. 배달 트럭에는 오븐이 비치돼 있는데, 각 오븐들은 GPS를 통해 배달지 도착 4분 전 거리를 계산하여 피자를 굽기 시작한다. 그렇게 갓 구워낸 따뜻한 피자를 고객에게 배달하는 것이다. 로봇으로 만들기 때문에 하루에 만들어낼 수 있는 양도 많다. 매일 아침 줌피자의 인공지능은 학습을 통해 어떤 종류의 피자가 얼마나 주문될지도 체계적으로 분석한다. 아울러 소비자의 주문 패턴을 분석하여 주문이 예상되는 고객에게 피자를 권하기도 한다. 여기에 앞으로는 자동주행 차량까지 도입해 사람이 필요 없이 인공지능과 로봇만으로 만들어서 배달까지 끝낼 수 있도록 시스템을 준비하고 있다고 한다.

6

인공지능시대,
어떻게 대처할 것인가

언제나 모든 사람들이 우리 삶에 인공지능이 가져다줄 청사진만 이야기해온 것은 아니다. 반대로 세계의 종말을 가져올지도 모르는, 위험한 존재임을 강조한 사람들도 있다. 어느 한쪽만 옳다고 말할 수 없는 것이, 양쪽 모두 인공지능시대를 이야기하고 있기 때문이다. 다만 그 주장들 속에서 인공지능이 가져올지 모를 위험에 미리 대비할 일이다.

인공지능과
인간의 협업

　사람들이 모이는 곳에서는 언제나 인공지능이 화제인 시대다. 이때 인공지능을 잘 아는 듯 이야기하는 사람들은 흔히 인공지능을 굉장히 단선적으로 보거나 편견을 가지고 있다. 인공지능 때문에 인간이 컴퓨터와 기계에 지배당할 것으로 보는 것이다. 극단적인 예측을 내세우면서 인간이 지배당하기 전에 인공지능을 받아들여서는 안 된다고까지 말한다. 여기에는 언론도 한몫을 했다. 2016 다보스포럼에서는 4차 산업혁명 시대에 인공지능은 사람을 대체하여 많은 일자리를 빼앗으리라는 얘기가 오갔다. 30년 후인 2050년에는 현재 노동자의 50퍼센트가 인공지능으로 대체될 것이라 예견하기까지 했다. 이러다 보니 누구나 두려움을 느끼게 된 것이다.

　물론 제대로 준비하지 못한 채 인공지능 세상을 맞이하면 혼란스러울 수 있다. 그러나 이것이 곧 인간이 인공지능에 지배당하는 것을

오카도 물류센터

의미하는 것은 아니다. 이보다는 인공지능과 함께 공진화(co-evolution)한다고 보는 편이 옳다. 즉 인공지능과 사람이 서로 협업하여 이를 통해 더욱 혁신적인 서비스를 제공하게 되는 것이다. 사람은 인공지능이 하지 못하는 일을 해낼 수 있다. 인공지능과 사람이 할 수 있는 고유한 영역이 각각 존재한다는 것이다. 따라서 인공지능과 사람 간의 진정한 협업이 이루어질 수 있는 가능성은 충분하다. 함께 진화하고 발전해나가는 것이다.

실제 이미 로봇과 협업을 통해 새로운 성공 가능성을 보여주며 전 세계적인 주목을 끌고 있는 기업이 있다. 바로 영국의 온라인 식료품 회사 오카도(Ocado)이다. 2000년 설립된 오카도는 오프라인 매장은 단 한 곳도 없이 오로지 온라인으로만 소비자에게 주문한 식료품을 배송해준다. 전날 주문하면 다음 날 집 앞에 배송해주는 빠른 서비스 덕분에 업계 1위를 유지하고 있으며, 이를 자주 이용하는 구매자가 65만 명에 달한다. 이렇게 빠르고 정확한 서비스가 가능했던 것은 로봇과의 협업 덕분이다. 오카도의 물류센터에는 1100여 대의 로봇이 구비되어 있는데, 이 로봇들이 물류 생산성을 45퍼센트가량 끌어올렸다. 하루 50~60킬로미터를 이동하며 5분 만에 50건을 처리함으로써 오카도가 성공할 수 있는 요인이 된 것이다.

아울러 독일의 카를스루에 공과대학(KIT: Karlsruhe Institute

of Technology) ARMAR-6 팀과 함께 개발한 세컨드핸즈 (SecondHands)라는 로봇도 있다. 이들이 작업자를 보조하며 다양한 업무를 수행하는 것이 흥미롭다. 물류센터의 작업자들이 업무에 필요한 도구를 요청하면 세컨드핸즈는 그것이 어떤 도구인지 재차 묻고 확인한 후 이를 전달해준다. 작업자의 음성에 즉시 반응하도록 설계되어 있다. 단순 업무를 반복하고 정확히 수행하는 역할도 중요하지만 이처럼 사람과 협업이 가능해지면 작업 능률이 높아져 기업의 경쟁력에도 큰 영향을 미치게 될 것이다.

사람만이 지닌 창의력이나 순발력, 상상력은 인공지능으로 대체하기 어려운 반면, 인공지능은 방대한 양의 데이터를 한 번에 정리하고 분석할 수 있는 속도와 능력을 갖추었다. 기업이 이 둘의 장점을 하나로 모으면 새로운 경쟁력을 갖게 됨은 물론이다. 이때 반드시 짚어야 할 것은, 아직도 발전 가능성이 무궁무진한 인공지능의 능력을 향상시키기 위해서도 사람의 힘이 필요하다는 것이다. 이 역시도 협업이라 할 수 있겠다.

인공지능 스스로 먼저 무언가를 하기는 어렵다. 인공지능이 필요에 따라 적절하게 능력을 펼칠 수 있도록 사람이 자리를 만들어주어야 한다. 인공지능시대에 도태되고 사라지게 될 사람은 인공지능을 이해하지 못하고 적응하지 못하는 이들이다. 인공지능은 사람들의 기존 업무를 대체하기보다는 보완하는 기능을 갖는다. 따라서 일자리를 뺏는 것이 아닌, 상호 보완재의 역할로 공존하는 것이다.

인공지능은 진화하고 있다. 처음 등장한 1956년부터 지금까지 60

년이 넘는 시간을 지나오며 자연스레 진화하고 있는 것이다.

알파고를 기억하나요?

2016년, 인간과 인공지능의 대결로 세간의 이목이 집중된 승부가 있었다. 바로 최고의 바둑 인공지능 프로그램인 알파고(AlphaGo)와 인간 실력자 중 최고로 꼽히는 이세돌 9단 간의 승부다. 설마 인간이 인공지능에게 지겠나 싶은 사람과 인공지능이 승리할 것이라고 예상한 사람 등, 저마다 나름의 기대를 갖고 그 대결을 지켜보았다. 하루 한 차례의 대국으로 총 5회에 걸쳐 진행된 바둑 대결은 최종 4승 1패, 알파고의 승리로 끝났다. 바둑만큼은 인간의 자존심이라 여길 만큼 인공지능보다 인간에게 유리하다 생각했지만, 결과적으로 인공지능에 무너진 것이다.

이렇게 인간에게 패배를 안겨준 인공지능 바둑 프로그램 알파고는 구글의 자회사인 구글 딥마인드(Google Deepmind)에서 개발한 인공지능이다. 2015년 10월 판후이(樊麾) 2단과 5번의 대결에서 모두 승리하며 프로 바둑기사를 이긴 최초의 바둑 프로그램이다. 남은 경기 내용의 미래를 예측하여 시뮬레이션한 결과를 토대로 가장 성공적인 수를 찾는 것이 알파고의 특징이다.

한국에서도 바둑 인공지능 프로그램이 개발되었다. NHN엔터테인먼트가 '한게임 바둑'을 기반으로 자체 개발한 한돌(Handol)이 그것이다. 한게임 바둑을 통해 최초 공개된 한돌은 알파고와 이세돌 대국을 계기로 2016년 50여 명의 연구진이 10개월의 연구개발 기간을 거쳐 2017년 12월에 출시했다. 실제 사람의 기보(바둑을 둔 내용의 기록)를 바탕으로 다음 수를 예측했던 초기 버전과 달리, 무작위로 자가 대국(self-play)을 통한 기보로 계속 반복 학습함으로써 성능을 개선하고 있다.

2018년 출시 1주년을 기념하여 우리나라 최상위 프로 바둑기사들과 한돌이 대결을 펼치는 '프로기사 톱 5 vs 한돌 빅매치' 이벤트가 진행됐다. 신민준 9단, 이동훈 9단, 김지석 9단, 박정환 9단, 신진서 9단과 한돌의 대결. 결과는 우리나라 최상위 프로기사 5명이 모두 한돌에게 패했다. 결과는 지난 알파고와 이세돌의 대결과 같았지만 그것을 받아들이는 분위기는 달랐다. 인간이 인공지능에게 졌다는 사실에 자존심이 상한다기보다는 오히려 배운다는 자세를 갖게 되었다고 한다. 박정환 9단은 한돌의 바둑 스타일이 본인과 비슷하지만 그 실력에 있어서는 자신보다 뛰어나다고 이야기했다.

실제로 이런 일이 현실에서 이루어졌다. 인공지능에게 바둑을 배우는 자세가 되었다는 박정환 9단을 눕힌 한국 랭킹 110위 이호승 3단의 충격적인 이야기이다. 한국 바둑 사상 이렇게 랭킹의 차이가 큰데도 불구하고 승리를 거둔 경우는 처음이라고 한다. 그 배경에 인공지능이 있다. 그동안 나이가 든 프로기사는 새로운 변화가 와도 훨씬 어린 기사들에게 무언가를 물어보기 힘들었다고 한다. 독학으로 공부해야 하는데, 그 역시 쉽지 않은 일이었다. 그런데 인공지능이 등장하고 나서 상황은 바뀌었다. 그냥 마음 놓고 인공지능에게 묻고 공부할 수 있게 된 것이다. 또한 과거에는 성적이 좋은 기사들끼리 모여 연구회를 중심으로 바둑 정보가 공유되었는데, 이렇게 엘리트의 전유물로 여겨졌던 정보를 인공지능을 통해 쉽게 접할 수 있게 되었다.

알파고의 대결을 지켜보던 2016년, 인공지능이 등장하면 인간의 자리가 없어지고 우리는 앞으로 나아가지 못하고 멈추게 될 것이라는 생각이 지배적이었다. 그런데 실제 인공지능이 우리의 삶에 아주 밀접하게 들어온 지금, 상황은 달라졌다. 사람들의 인식도 변했다. 인공지능에게 자신의 전문 분야를 배우고, 혹시 대결에서 지더라도 그 실력을 인정하며 받아들이는 것, 바로 우리가 인공지능과 공생할 수 있는 그 시작점이 생겨난 것이다. 이제는 인공지능을 잘 사용하고 활용하는 사람이 경쟁력을 갖는 세상이 된 것이다. 아울러 인공지능을 진정으로 사용한다는 의미가 '인공지능(Artificial Intelligence)'의 의미에서 'Augmented Intelligence', 즉 증강지능의 의미로 확대되는 것이다. 앞서 바둑에서 증명되고 있듯 말이다.

의료계에서도 의료 인공지능을 가장 잘 활용하고 해석하는 의사가 최고의 명의가 될 수 있다. 의사가 진단을 내리고 치료하는 과정에서 인공지능이 보조 역할을 제대로 발휘하느냐의 문제는 인공지능 간의 능력 차이가 아니다. 인공지능이 보조자 역할을 할 때 의사는 자기 역할에 좀 더 집중해 능력을 발휘할 수 있는 것이다. 최근에는 번역가들도 모든 내용을 처음부터 번역하기보다 인공지능 번역으로 초안을 만든 다음, 2차 번역을 통해 완성본을 만든다. 이것이 바로 인공지능을 제대로 잘 활용하는 방법이다.

알파고의 능력에 놀라 세상이 급변하고 있다고 자각한 그 순간, 그냥 멈춰 있기만 한다면 미래는 없다. 인공지능을 통해 우리가 무엇을 할 수 있을지를 고민해야 한다. 그것이야말로 우리가 앞으로 나아갈 수 있는 진정한 방법이다.

오렌지칼라,
인공지능시대의 새로운 인재

우리에게 익숙한 블루칼라(Blue Collar)와 화이트칼라(White Collar)는 직업계층을 나눌 때 사용되는 용어로, 일할 때 입는 옷 색깔에서 유래했다. 블루칼라는 생산 또는 작업현장에서 일하는 노동자 계층을 가리키는 말로, 주로 푸른색의 작업복을 입는 데서 생겨난 용어다. 화이트칼라는 샐러리맨이나 일반 사무직 종사자들을 일컫는 말로, 그들이 입는 하얀색 와이셔츠에서 생겨났다. 이후 여성성을 요하는 직업군을 일컫는 핑크칼라(Pink Collar), 두뇌를 활용하여 높은 가치를 창출하는 골드칼라(Gold Collar)등 다양한 직업계층을 나타내는 용어들이 등장했다.

그렇다면 지금 4차 산업혁명 시대는 어떨까? 4차 산업혁명 시대, 특히 인공지능시대에 요구되는 인재는 지금까지와는 다른 능력이 필요하다. 인공지능이 아니라 꼭 사람이어야 하는 이유를 충족할 능력이 필요한 것이다. 앞으로는 인공지능을 통해 수많은 직업과 일자리가 로봇이나 컴퓨터로 대체될 것이기 때문이다. 〈USA투데이〉가 발표한 자료에 따르면, 특히 저숙련 노동직의 경우는 그 대체 비율이 79%에 이르게 된다고 한다. 단순 기술을 요하는 노동의 경우 로봇이 사람을 대신하기 더 쉽기 때문이다. 하지만 사무직도 46%로, 그 비율이 적지 않다. 전문직도 8% 정도 로봇이 인간을 대신할 수 있다고 한다. 사람 혼자 이루어내던 일들도 인공지능과 협업하게 될 수 있다. 즉, 인공지능과 사람이 함께 공존하며 일하게 되는 시대가 온 것이다. 10년 전만 해도 인공지능만으로 취업하기는 어려웠다. 그러나 지금은 인공지능이 새로운 일자리의 돌파구가 되고, 사회 흐름의 가장 중심에 있다. 즉, 인공지능을 무시하고 모른 척한 채로는 더 이상 앞으로 나아갈 수 없게 된 것이다.

지금이라도 늦지 않았다. 우리 모두 인공지능을 공부하여 새로운 기회를 만들어야 한다. 앞으로의 성장 가능성, 잠재력을 생각했을 때 결코 늦지 않다. 시장조사기관인 가트너(Gartner)가 발표한 '2019 최고정보책임자(CIO) 서베이'를 보면 전 세계적으로 인공지능을 도입한 기업의 수가 작년 한 해 동안 3배나 늘었다고 한다. 다만, 기업들이 다양하게 인공지능을 활용하고 있긴 하지만 전문인력은 절대적으로 부족하다고 한다. 인공지능을 활용하고 사용하는 기업이 많아질수록 인공지능 구현에 따른 과제를 명확히 파악할 수 있다. 설문조사 응답자 중 54퍼센트는 전문인력 부족이 기업에서 인공지능을 활용하는 데 가장 큰 난관이라고 꼽았다. 이처럼 인공지능과 연관된 우수한 인재에 대한 갈증은 더욱 깊어간다. 따라서 한시바삐 인공지능에 대한 준비를 하는 것이 좋겠다.

인공지능시대에는 일에 대한 정의도 변화할 것이다. 단순히 무언가를 창조하고 만들어내는 데에 힘쓰는 것뿐 아니라 스스로 배우고 익혀 나가는 것이 중요해질 것이다. 지금은 많은 기업들이 자체 인재 육성을 위해 내부 강의를 통한 교육을 진행하고 있다. 열린 기업들 중에는 외부 교육도 지원해주며 인재를 육성하고, 이를 기업의 경쟁력으로 활용하고 있다.

세계 최대 인터넷 쇼핑업체인 아마존의 경우 인공지능과 로봇으로 대체될 직무를 맡고 있는 직원들이 '머신러닝 대학'에서 대학원 수준의 인공지능을 배울 수 있도록 준비하고 있다고 한다. 인공지능으로 인해 아마존의 직무 변화는 매우 크다. 물류 처리, 상품 배송, 일반 관리 직무들은 대부분 인공지능으로 대체가 가능하기 때문이다. 직원 3명 중 1명이 대체 대상이 되어 회사를 나가거나 직무를 바꿔야 하는 상황이 된 것이다. 이에 아마존은 자체적으로 직원들에게 새로운 기회를 만들 수 있는 교육을 시행하고 있는 것이다. 앞선 인공지능에 내한 전문적인 교육 외에도 회사의 로봇과 자동화 관리를 위한 소프트웨어 기술 교육도 있다. 이는 인공지능으로 인해 바뀔 업무 환경에 따른 교육 늘인 것이다.

직원들의 입장에서는 일자리를 빼앗긴 것이 아니라 새로운 기회를 얻게 된 것이고, 기업의 입장에서는 새롭게 충당해야 할 인원들을 직원 재교육을 통해서 충당하게 된다. 앞으로 인공지능이 기업에 더 활용된다면 직원들을 위한 인공지능 관련 교육이 자연스러워질 것이다. 기업의 교육체계와 고용구조가 변화하게 되는 것이다. 더불어 앞으로 더 인공지능시대가 도래할수록 이런 강제적 교육이 아닌, 직원들이 스스로 학습하고 배우는 것이 하나의 일이 된다. 인공지능조차 딥러닝, 학습을 통해 발전하고 있는데 인간이 그러지 못한다면 인공지능과 함께 일하는 것 자체가 성립할 수 없기 때문이다. 단순하고 반복적인 업무일 경우 이미 인공지능이 장악하고 있고, 섬세하고 창의를 요하는 부분에까지도 영역을 넓혀가는 상황에서 인간이 할 수 있는 일은 더욱 더 창의적이고 감성적인 일이 되어야 한다.

인공지능시대의 새로운 인재는 오렌지칼라로 대변할 수 있다. 오렌지색은 빨간색과 노란색이 혼합된 색으로, 그 자체로 융합의 색이다. 앞으로의 인공지능은 인간과 인공지능 간의 협업, 인공지능과 인문·감성과의 융합, 생각지도 못한 다양한 분야와의 혼합으로 나타날 것이다. 이렇게 두 가지 이상이 섞이면서 색이 모두 죽어버리거나 혼탁해지는 것이 아니라 주황처럼 각각의 빨간색과 노란색이 적절하게 어우러져 영롱한 자신만의 색을 내야 한다. 이것이 바로 인공지능의 시대 오렌지색인 것이다. 그리고 이런 관계에서 긍정의 힘을 발휘할 수 있는 세대가 바로 오렌지칼라다. 뿐만 아니라 오렌지는 긍정적인 감정이 들게 하는 색으로, 그 자체로 에너지를 의미한다.

오렌지칼라는 인공지능시대에 새로운 에너지를 가져온다고 할 수 있다. 우수한 인력이 넘쳐나는 한국에서 인재가 없다고 아우성들이다. 과연 어떤 인재를 찾고 있기에 보석 같은 인재들을 놓치고 있는 것일까. 특히 인공지능과 관련해서는 하드 스킬 중심의 인재만 찾고 있는 것이 현실이다. 기술적으로, 과학적으로 접근할 수 있는 사람만이 인공지능시대에 필요하다고 생각하는 것이다. 이러한 인재들은 5년 이내에 급속히 증가할 것이다.

국내에서도 그 흐름이 느껴진다. 2019년 3월에 문을 연 인공지능 전문인력 양성 교육기관이 바로 그것이다. 교육부와 한국 IBM이 함께 진행하는 것으로, IBM이 2011년부터 운영 중인 차세대 직업교육 과정인 'P-테크'이다. 국내에 처음 설립되는 'P-테크' 교육기관의 명칭은 '서울 뉴칼라스쿨'이다. 고등학교 3년, 전문대 2년으로 총 5년 과정으로 구성돼 인공지능, 머신러닝, 통계학 등 관련 과목을 학습하게 된다고 한다. 인공지능시대를 살아가기 위해서는 누구나 하드 스킬이 필요하다 느끼고 이를 학습할 것이기 때문이다.

그러나 곧 소프트 스킬, 즉 감성과 공감 능력까지 요구하게 될 것이다. 그렇기에 기술적이고 과학적인 이해하는 것을 넘어 과연 인간세상에서 인공지능이 어떻게 사람과 공감을 이루어갈지에 대한 고민도 함께 해야 한다. 특히 인공지능의 위력을 너무 비관적으로 바라볼 필요는 없다. 많은 사람들이 인공지능이 주도하는 세상이 도래하면 사람이 설 자리는 아예 없어질 것을 두려워한다. 혹은 지나치게 높은 기대로, 인공지능이 주도하는 세상은 지금과는 다른 유토피아가 열릴 것이라고 하는 사람도 있다. 어느 것이 앞으로의 미래를 제대로 그려낸 것인지 정답은 없다.

중요한 것은, 엄청난 변화가 시작되었다는 사실이다. 이런 흐름 속에서 변화를 막지 못할 바에는 그 세상의 맨 앞, 중심에 서는 것이 생존 비결이 될 것이다. 우리가 배움을 삶으로 여기며 멈추지 않고 이어나 가야 하는 것은 그 때문이다. 한동안 많은 기업들은 내부 인력을 위한 교육을 열성적으로 시행해왔다. 물론 이런 교육은 장기적으로 기업 경쟁력을 높이고 인재를 양성하는 순기능을 가지고 있지만, 이는 직원들이 그 교육을 통해 제대로 배움을 이루어냈다는 가정하에서다. 이제는 학습이 아닌 배움이 주가 되어야 한다. 주체적으로 배우고 익히는 데에 열중해야 한다는 것이다.

우리는 학교를 나오자마자 불확실성과 마주한다. 새로운 지식과 기술을 만나고 이를 바탕으로 살아가야 한다. 시간이 지날수록 점점 더 학교에서 습득한 지식과 기술보다는 새로 배우는 지식과 기술로 사회생활을 하게 된다. 즉, 학교는 더 이상 시대 변화에 앞서가는 지식과 정보를 제공해주지 않음을 깨우쳐야 한다. 인공지능시대에는 배우는 기술, 배우는 방법의 중요성을 깨우치는 학습지능이 필수임을 명심해야 한다. 또한 이제는 배움 자체가 일이 되는 세상이다. 과거의 우리는 일하기 위해 배움을 선택했고, 그렇게 한 사람이 좀 더 많은 일을 하고 중요한 역할을 해왔다.

인공지능은 '생각혁명'이다. 세상을 보고 느끼고, 판단하고 살아가는 방식이 모두 바뀌기 때문이다. 말 그대로 인공지능을 지렛대 삼아 더 많은 능력을 발휘할 수 있는 시대다. 뿌리를 뒤흔드는 정도의 창의력이 더욱더 요구되는 시대인 것이다. 이를 잘 구현하는 새로운 주도 계층이 등장했으니, 바로 오렌지칼라다. 우리는 이제 오렌지칼라의

'트랜스 인사이트(trans insight)'에 주목해야 한다. 운전면허가 있다고 해서 자유자재로 운전을 잘하는 것이 아닌 것처럼, 어렵고 복잡한 알고리즘을 알고 사용한다고 해서 인공지능 전체를 제대로 이해했다고 볼 수 없다. 엑셀에 능숙하다고 컴퓨터의 전문가라 칭하진 않지만, 엑셀이나 파워포인트를 사용할 줄 알면 컴퓨터를 잘 활용할 수 있다. 트랜스 인사이트란 알고리즘과 모델에만 주목하고 집중하는 것이 아닌, 이를 바탕으로 다른 분야와의 접목을 시도하고 연결할 수 있는 능력이다. 트랜스 인사이트를 갖추는 것, 그것이 바로 인공지능을 잘 활용할 수 있는 방법이다.

인공지능시대에 필요한 것:
학습지능, 미래지능

중국은 국가적 관심을 넘어 'AI 학습 붐'이 일 정도로 많은 사람들이 인공지능을 배우기 위해 몰려든다고 한다. 인공지능 알고리즘을 강의하는 선전의 학원은 국경절 연휴 직후 주말임에도 불구하고 수강생들이 가득 차 있었다. 선전에는 인공지능 사설 교육기관을 쉽게 볼 수 있는데, 강사 중에는 전문강사가 아닌 베이징대와 칭화대의 인공지능 관련 석사학위자를 비롯하여 인공지능을 적용한 생산설비를 개발하는 중견업체 연구원들도 있다. 인공지능 기술을 가르칠 사람이 부족하기 때문이다. 앞으로 인공지능에 관한 기술을 모르면 일할 수 없을지 모른다는 생각에 많은 사람들이 교육에 혈안이 돼 있는 것이다.

교육을 받는다 해서 모두 인공지능과 연관된 일을 할 수 있는 것은 아니고, 분명 그들 중 지금 당장 인공지능과 관련된 일을 하는 사람은 일부일 수도 있다. 그러나 그들은 미래를 준비하고 있다. 자신이 현재하는 일에서 그치지 않고 앞으로 더 할 수 있는 일이 무엇인지 스스로 고민하고 있는 것이다.

그렇다면 과연 우리는 어떨까? 얼마나 많은 사람들이 미래를 위해 준비하고 인공지능을 알려고 할까? 물론 관련 업무를 하는 사람, 혹은 조직에서 관련 프로젝트를 진행하기에 앞서 본격적으로 파악하기 위해 부랴부랴 공부하는 사람도 있을 수 있다. 이들이 진정으로 미래지능을 키우고 있다 할 수 있을까? 알고리즘과 컴퓨터를 배우는 사람들은 미래지능의 일부만을 준비하고 있는 것이다. 미래지능이라 함은 인공지능시대를 넘어 앞으로 다가올 미래를 준비하기 위해 필요한 지능을 일컫는다.

필자가 현재 개발 중인 미래지능은 7가지로 나뉜다. 다양한 분야에 각기 다른 7가지 지능을 접목하여 미래지능을 만들어갈 수 있다. 무엇보다 중요한 것은 미래지능은 학습지능을 기반으로 한다는 것이다. IQ가 지능의 발달 정도를 나타내는 지수라면, 학습지능(LQ, Learning Quotient)은 학습할 수 있는 능력과 발달 정도를 나타내는 것이라 할 수 있다. 즉, 스스로 공부하고 학습할 수 있는 준비 자세를 말하는 것이다. 학습지능은 근육과 같아서 훈련하고 반복적으로 노력하면 더욱 강해진다. 우리가 학습지능을 바탕으로 인공지능에 대해 공부하고 배움을 지속한다면 그것 또한 미래를 준비하는 방법이 될 것이다.

그러나 이것만으로는 부족하다. 여기에 창의력과 상상력이 더해져야 인공지능시대를 준비할 수 있다. 많은 사람들이 인공지능과 인간의 다른 점으로 창의력과 상상력을 꼽는다. 물론 인공지능이 인간의 영역으로만 여겼던 창조적 활동, 그림을 그리고 글을 쓰고 디자인을 하는 등의 일들을 하고 있지만, 이는 사람이 했던 수많은 활동을 답습하고 학습하면서 만들어진 능력이다. 그러니 사람이 할 수 없었던 새로운 창의적 활동이라면 조금 어렵지 않을까.

특히 인간만이 가질 수 있는 고차원적인 사고와 감성은 인공지능이 완벽하게 재현하고 구현하기 어려울 것이다. 물론 다른 사람의 창의력과 상상력을 뛰어넘는다는 것은 우리에게도 역시 매우 어려운 일이다. 하지만 아직까지 인간만이 할 수 있는 상상력 넘치는 일들을 해내기 위해서는 평소 관찰을 소홀히 하지 않고, 이것저것 융합을 해보고 연결해보며 새로운 조합을 만들어보는 것에 익숙해져야 한다. 융합은 인공지능에서는 빼놓을 수 없는 단어다. 인공지능과 인간 간의 융합, 기술과 감성의 융합, 인공지능 기술과 새로운 분야와의 융합 등 그 조합도 다양하지만, 이런 융합 속에서 새로움이 탄생한다. 창의적이고 상상력 넘치는 일도 이렇게 만들어지는 것이다.

언제나 모든 사람들이 우리 삶에 인공지능이 가져다줄 청사진만 이야기해온 것은 아니다. 반대로 세계의 종말을 가져올지도 모르는, 위험한 존재임을 강조한 사람들도 있다. 어느 한쪽만 옳다고 말할 수 없는 것이, 양쪽 모두 인공지능시대를 이야기하고 있기 때문이다. 다만 그 주장들 속에서 인공지능이 가져올지 모를 위험에 미리 대비할 일이다. 아직 오지 않은 세상이라는 이유로, 혹은 쉽게 바뀌지 않을 것이라는 안일한 생각으로 인공지능시대를 맞는다면 우리는 도태되거나 실패할 것이다. 결국 인공지능이 무조건 만능이라고만 생각하기보다는 사람이 먼저라고 생각할 때 인공지능은 인류 문명의 새로운 르네상스 시대를 가능하게 할 것이다.

인공지능의 위험을
경고하다

이론물리학자이자 우주학자인 스티븐 호킹은 사후에 출간된 저
서 《호킹의 빅퀘스천에 대한 간결한 대답(Brief Answers to the Big
Question)》에서 인공지능에 대해 경고했다. 그 내용은 다음과 같다.

'인공지능을 설계하는 데 있어 인공지능이 인간보다 우월해져 인
간의 도움 없이 스스로 개선할 수 있게 된다면 우리는 지능폭발에 직
면하게 될 것이며, 궁극적으로 인간이 달팽이를 능가하는 것보다 지능
면에서 인간을 훨씬 능가하는 기계가 출현할 것이다.'

그는 생전에도 BBC와의 인터뷰에서 "완전한 인공지능 기술의 발전
은 인류의 종말을 초래할 수 있다"라고 이야기한 바 있다. 현재에는 인
공지능이 위협적이지 않더라도 미래에는 위협이 될 수 있다는 것이다.

인공지능이 위험하다고 경고한 사람은 스티븐 호킹 외에도 테슬라
최고경영자 일론 머스크(Elon Reeve Musk)가 있다. 그는 MIT 연설

에서 인공지능 연구 이면의 위험성을 경고했다. 인공지능과 관련해선 신중한 접근이 필요하며, 우리에게 가장 크게 실존하는 위협이 있다면 바로 인공지능이라는 것이 그의 주장이다. 적절히 규제하지 않으면 인류의 미래에 큰 위험이 될 수 있으니 인공지능 규제 법안을 조속히 만들어야 한다고 이야기한 바 있다. 뿐만 아니라 트위터에 인공지능은 북한의 핵폭탄 위협보다 더 위험할 수 있다는 트윗을 남기기도 했다.

하지만 그렇다고 해서 일론 머스크가 인공지능을 철저히 배제하고 관심을 두지 않은 것은 아니다. 인공지능이 위험하다면 이를 안전하게 하는 기술을 고민할 필요가 있다고 생각해 비영리 인공지능 연구 회사인 '오픈 AI'를 설립했다. 오픈 AI는 인공지능 기술이 특정 자본에 종속되지 않고 전 인류의 이익에 도움이 되는 방향을 제시할 것을 목표로 하고 있다. 빌 게이츠 역시 인공지능시대를 인정하면서도 이로 인해 우려할 만한 일들이 벌어질 것을 경고한 바 있다.

물론 인공지능의 발달이 단지 기계의 발전과 시장의 확산으로 끝나는 것이 아니라 사람과 가장 밀접하게 연결되니 더욱더 조심할 필요는 있겠다. 아울러 앞서 1990년대 중반 인터넷의 등장, 10년 전 스마트폰의 출현에 따라 생겨난 우려도 같은 맥락이 아닐까 생각해본다. 새로운 시대가 도래하면 그에 따른 명암은 분명히 있다. 중요한 것은 우려를 공포로 받아들여 앞으로 나아가지 못한다면 발전은 이루어질 수 없다는 점이다. 우리가 인공지능시대를 바라보는 시선도 이와 같아야 한다.

인공지능에
모든 것을 걸다

소프트뱅크의 창립자이자 수많은 기업의 투자자인 손정의 회장. 그가 앞으로는 인공지능 기업에만 투자하겠다고 선언했다. 100조 원 규모의 비전펀드 투자를 인공지능 관련 기업에 한정하겠다는 것이다. 2018년 12월 자신이 설립한 한 재단의 행사에 참여하여 공언한 것으로, 세계 최대 IT 투자펀드인 비전펀드의 타깃을 인공지능으로 콕 짚은 것이다. 투자 규모 또한 1회 평균 1000억 엔으로 정하고, 그 미만은 투자하지 않겠다고 했다.

이와 같은 발언이 놀랍기는 하지만 어쩌면 예견된 행보이기도 하다. 이미 자신의 시간과 두뇌의 97퍼센트를 인공지능 분야에 바치고 있다고 말한 바 있는 그는 인공지능이야말로 미래 경쟁력의 핵심이며, 앞으로 인공지능을 제패하는 기업이 미래를 지배하게 될 것이라 했었다. 인공지능의 기술력에 따라 산업 경쟁력이 좌우될 것이고, 각 분야에서도 지능 생산성이 중요해지며, 인공지능이 산업의 개념 또한 재정의할 것이라 해석했다. 이를 위해 소프트뱅크가 인류 사상 최대 혁명인 인공지능 혁명을 일으키겠다고 선언한 셈이다. 손정의 회장은 인공지능이 앞으로의 세상을 이끌어나갈 핵심 분야임을 분명히 알고 있던 것이다.

그는 2019년 7월 문재인 대통령과 함께한 자리에서도 인공지능에 대한 이야기를 나누었다. 손 회장은 '인공지능은 인류 역사상 최대 수준의 혁명을 불러올 것'이라 이야기하며 "한국이 집중해야 할 것은 첫째도 인공지능, 둘째도 인공지능, 셋째도 인공지능"이라고 강조했다. 그가 이토록 인공지능에 대해 강조한 것은 1997년 김대중 전 대통령과의 만남에서 초고속 인터넷에 집중하여야 한다고 세 번에 걸쳐 강조했고, 이것이 받아들여져 정부 주도로 초고속 인터넷이 상용화되었기 때문이다. 이제는 정부 주도하에 더욱 활발한 움직임이 일어나야 할 때이다. 손정의 회장이 인공지능에 모든 것을 걸고 앞으로의 발전 가능성에 대해 이야기한 만큼 우리도 인공지능에 주목해야 하지 않을까.

인공지능
Meta AI

지구상에 존재하는 만물 중에 인간은 체구도 작고 힘도 대단치 못하다. 그럼에도 불구하고 지구의 정복자가 되었다. 바로 도구를 사용할 수 있었기 때문이다. 흥미로운 것은 도구의 탄생과 함께 문명이 탄생했다는 점이다. 인간만이 도구를 사용하는 것은 아니다. 해달의 경우 주변 도구를 사용해 먹이를 먹는 모습이 감탄스러울 정도이고, 심지어 곤충들까지도 나뭇가지나 돌 같은 도구를 사용한다. 이런 동물과 인간이 다른 점은, 동물들은 생존을 위해 특화된 신체 조건 덕에 도구 없이도 살 수 있지만 인간은 그렇지 못하다는 것이다. 인간은 도구를 사용하기 위해 진화했기 때문이다.

아주 먼 과거, 인간은 먹이사슬에서 그다지 높은 자리에 있지 못했지만 도구를 사용하면서 먹이사슬의 제일 높은 자리에 올랐다. 호모사피엔스의 체력은 약육강식의 야생에서 강하지 못했지만 불을 발견하고 석기를 활용하면서 수많은 도구를 만들어내며 도구의 인간(Homo Faber)으로 정점의 위치에 섰다. 아울러 인류도 함께 진화하게 되었다. 진화와 맞물려 지속적으로 도구를 발전시키는 것은 너무도 자연스러운데, 바로 이것이 메타 도구(Meta Tool)이다. 도구가 새로이 도구를 만들어내는 것이다.

지금 우리는 인류의 역사를 바꾸기 위한 도구를 만들었다. 바로 인공지능이다. 인공지능은 인류 문명과 과학, 생활에 큰 획을 그을 것이다. 단지 우리가 어디로 갈지 모른다는 사실에 설렘과 두려움이 공존할 뿐이다. 인공지능이 도구라면 이를 제대로 활용해야 한다. 인공지능이 무엇인지 알아야 하고, 과연 인공지능이 얼마나 다양하게 활용되고 있는지를 파악해야 하는 것도 그래서다.

특히 기술과 도구의 발전 사이클이 점점 짧아지는 오늘날, 학교나 조직에서 배운 지식과 정보만으로는 새로운 기술의 변화와 발전을 따라가기 어렵다. 늘 새로운 기술과 변화에 지속적으로 적응해야만 한다. 이러한 시대에 낀세대(nut-cracking generation)는 더욱 적응하기 어려울지 모른다. 하물며 지금 자라나는 세대가 20대가 되면 현재에는 상상도 못할 새로운 기술 환경과 맞닥뜨리게 될 것이다. 이를 위해 필요한 것이 소프트 스킬이다. 하드 스킬만으로는 새로운 세상에 적응하고 살아가기 어렵다. 소프트 스킬을 교육받은 사람들은 얼마든지 새로운 기술 환경에 적응하고 이를 활용할 수 있다.

이제 미래에는 인공지능이 새로이 더 진화된 인공지능을 만들어낼 것이다. 도구가 메타 도구가 된 것처럼 말이다. 메타 인공지능(Meta

AI). 이 메타 인공지능은 상상을 뛰어넘는 능력을 갖고 있을 것이 분명하다. 하지만 우리 또한 그에 맞춰 진화할 것이니, 그때에 이르러서도 메타 인공지능을 도구로서 제대로 파악하면 될 일이다.

> 기존 사업을 과거와 같은 방식으로 지속하는 것은
> 앉아서 재난을 기다리는 것과 같다.
> ―피터 드러커(Peter Drucker)

인공지능시대의
7가지 성공 조건

    인공지능은 얼마만큼 준비하고 이해하느냐에 그 성공 여부가 달려 있다. 따라서 막연하게 믿고 따르지도 말고, 두려워하기만 하지도 말아야 한다. 기업에서 크고 작게라도 인공지능을 활용하게 된다면 다음 7가지 요인을 주목할 필요가 있다. 이 7가지 성공요인을 바탕으로 인공지능을 제대로 활용할 수 있다. 많은 사람들이 인공지능을 제대로 이해하기 위해서는 코딩이나 알고리즘을 개발하고 이해할 수 있어아 한다고 생각한다. 그것도 물론 중요하지만 그보다 인공지능을 활용하는 일반적인 방법론을 이해하는 것이 우선이다.

    필자가 세안하는 성공요인 7가지도 기술적인 부분보다 전반적인 활용에 있어 놓치지 말아야 할 7가지 방법이다.

    그 첫 번째는 인공지능을 통한 자동화, 무인화로 인해 사람이 행복해져야 한다는 것이다. 인공지능이 내 일자리를 빼앗을 것이라는 두려움에 아무것도 하지 못해서는 안 된다. 내 경우에는 SNS에 인공지능 연구와 강의를 하겠다는 계획을 처음 포스팅했을 때 그것에 달린 댓글을 보고 놀랐던 기억이 있다. 어떻게 사람의 일자리를 빼앗고 사람을 대체시킨다는 인공지능을 연구하고 강의할 수 있냐고 따져 묻는 댓글이 있었기 때문이다. 많은 이들이 오해하는 부분인데, 반대로 단순하고 반복적인 업무를 인공지능에게 맡겼을 때 우리가 어떤 즐거움을 느낄 수 있을지를 생각해보자. 이것이 인공지능시대에 성공하는 방법 중 하나다.

두 번째, 기술보다 인간에게 초점을 맞추어야 한다. 너무도 당연한 이야기지만 인공지능을 도입하더라도 항상 사람이 먼저이며, 인공지능은 일종의 도구라는 점을 잊지 말아야 한다는 것이다. 이는 두 번째 요인과도 연결되는데, 인공지능시대에 우리는 흔히 인간이 아니라 인공지능이 먼저라고 착각한다. 앞선 오해도 여기서 비롯된다. 인공지능은 하나의 도구로, 우리가 활용해야 하는 대상임을 잊지 말자. 지식 자체보다는 바르게 잘 활용하는 활식(活識)이 더 중요한 것이다.

세 번째는 인공지능 자체가 솔루션이 아니라 문제점을 해결하기 위한 방법 중 하나임을 숙지하는 것이다. 때로는 제대로 문제점을 찾아내고 파악하는 것이 올바른 답을 내는 방법이기도 하다. 인공지능은 이렇게 활용해야 한다. 어떤 일에 있어서든 인공지능 자체가 답이라고 여겨서는 안 된다. 인공지능을 통해 새로운 문제를 발견하고 부족함을 찾아내는 것, 이것이야말로 인공지능으로 성공할 수 있는 길이다.

네 번째, 인공지능은 자동화보다 증강(augment)이 중요하다는 사실이다. 자동화는 당연하고 자연스러운 것이니 이것에 상승효과를 더넣어 인공지능을 다룰 줄 알아야 한다. 상승효과란 인공지능으로 더 많은 것을 이루고 활용하는 방법을 고민함으로써 얻어진다. 이런 고민을 통해 인공지능으로 인간의 지능도 증강시키고, 다시 인공지능도 증강시켜야 한다. 시너지로 이어지는 진정한 선순환 구조에 진입하는 것이다.

다섯 번째는 우선순위를 매기는 것이다. 인공지능 활용의 수단과 목적을 명확히 해야 인공지능시대에 성공할 수 있다. 많은 혁신이 실패하는 이유는 혁신을 위한 혁신을 하기 때문이며, 혁신 그 자체가 목적으로 변질돼 수단과 목적이 뒤바뀌기 때문이다. 즉, 소가 수레를 끌어야지 수레가 소를 끄는 말도 안 되는 일을 벌여서는 안 되겠다.

여섯 번째는 인공지능을 위해 소프트 스킬을 익히는 것이다. 여러 차례 강조했듯이 인공지능을 기술과 알고리즘 시스템으로만 받아들일 것이 아니라, 문화와 학습을 통해 느끼고 알아가며 인공지능과 공존해가야 한다. 아울러 인공지능에 친화적인 태도가 중요하다. 이를 위해서는 인공지능의 개방성, 민첩성, 유연성 등을 이해하고 이를 삶에 접목하는 것이 좋다.

마지막으로 알고리즘 오류를 관리할 수 있어야 한다는 것이다. 아마존은 2014년부터 인공지능을 활용한 채용시스템을 개발해왔다. 그러나 최근 이 시스템이 여성 지원자를 차별하는 것으로 드러나 도입이 취소되었다고 한다. 우리가 얻을 수 있는 교훈은 인공지능에 오류가 발생할 수 있음을 인정하고 이를 제어할 수 있어야 한다는 것이다.

아마존은 인공지능 시스템으로 채용 완료된 직원의 이력서를 적용하여 실제 결과와 일치하는지를 확인했는데, 그 과정에서 여성을 차별하고 있었던 사실을 발견했다는 것이다. 이력서에 '여성'이라는 단어가 포함되면 감점이 됐고, 여자대학교를 졸업한 지원자도 점수가 깎였다. 이에 반해 남성이 이력서에 자주 쓰는 동사는 유리하게 인식됐다고 한다. 이렇듯 특정 용어에 불이익을 주는 알고리즘의 오류 때문에 아마존은 시스템을 포기한 것이다.

아직까지는 인공지능이 어떻게 의사결정을 하는지 어떤 알고리즘을 갖고 있는지, 정확히 알 수 없는 시대다. 그렇다면 이러한 인공지능 알고리즘 오류를 방치해서는 안 된다. 알고리즘 오류는 바로 인공지능의 편견(AI bias)으로 이어지기 때문이다.

이것이 내가 생각한 인공지능을 성공시킬 수 있는 7가지 방법이다. 물론 인공지능이 성공하기 위해서는 기술적으로 알고리즘과 시스템에서 편견과 오류가 없어야 한다. 수많은 시행착오를 거쳐야겠지만 여기에 우리 인간이 할 수 있는 7가지를 더한다면 더욱 효과적으로 인공지능시대를 준비할 수 있을 것이다.

인공지능의 세계에 오신 것을 환영합니다

약 6천 년 전, 고대 메소포타미아의 수메르인은 인류 최초의 글자 체계인 쐐기문자를 만들어냈다. 그들은 간단한 그림 문자에서 시작하여 복잡한 체계의 상징들로 발전시켰다. 이 쐐기문자는 인류 역사상 최초로 경제활동을 기록하는 데 쓰였고, 신성과 왕조, 사상과 같은 개념을 표현하는 데까지 쓰였다. 바로 이것이 인류 최초의 인공지능의 시작이라 할 수 있다.

인공지능은 사람들이 의도적으로 만든, 인공적인 지능을 뜻한다. 현 시대의 프로그래밍이나 첨단기술만 의미하는 것은 아니다. 어쩌면 당시의 쐐기문자는 지금 우리가 인공지능을 이해하고 배우는 것보다 훨씬 더 어려웠을지 모른다. 그 당시 최첨단 기술이 집약된 기록 문자 시스템이었으니 말이다. 그 시절에도 읽고 쓸 줄 모르는 사람은 아무 것도 하지 못하는 문맹이었을 것이다. 그와 반대로 쐐기문자라는 인공지능, 미래지능을 학습하고 배우려는 사람들은 분명 미래지향적인 일들을 했을 것이다. 그리고 자연히 그들이 부와 명예와 힘을 가졌을 것이다.

그리고 6천 년의 긴 시간이 흘렀다. 또 다시 인공지능으로 인해 새로운 문화와 역사가 만들어지는 한편 문맹도 나타나고 있다. 물론 새로운 시스템도 생겨났다. 두려운 한편 어렵게도 생각될 것이다. 하지만 그렇다고 가만히 손을 놓고 있어서는 안 된다. 수메르인의 쐐기문자처럼 인공지능도 많이 사용하고, 제대로 활용하는 사람이 힘을 얻을 것이기 때문이다. 그러나 아직도 많은 사람들이 인공지능은 나와는 별개의 이야기라 생각하고, 전통적인 일자리나 전문직이 사라질지 모른다는 편견 속에 불편함과 어색함을 느낀다. 하지만 생태계의 진화란 이러한 불편함과 결핍에서부터 시작된다.

인공지능 생태계도 그렇게 만들어져간다. 다른 나라에 비해 조금 늦은 듯 보이고 국가와 정부 차원에서의 지원은 늑장을 부리는 것 같지만, 그 속에서도 인공지능을 열심히 공부하고 연구하는 사람들이 있다. 실패를 거듭하면서도 새로운 시도를 하고 있는 사람들도 있다. 그런 이들에게까지 대단한 솔루션을 제공할 수는 없겠지만, 이 책을 통해 인공지능을 어렵게만 느껴온 사람들이 새로운 시각을 가질 수 있기를 바란다. 더불어 이 책이 인공지능을 조금은 가깝게 느끼게 하고, 인공지능 생태계를 살아가는 데 길잡이가 되었으면 좋겠다. 특히 인간과 인공지능이 공생하고 공감할 수 있는 방법들을 한 번 더 고민할 수 있는 시간이 됐다면 더할 나위 없겠다.

앞서 이야기했지만 인공지능시대에는 새로운 인재가 필요하다. 오렌지칼라로 대변되는 그들은 인공지능을 인문적인 시각으로 바라보고 다양하게 융·복합을 일으켜 창의적으로 활용할 수 있다. 그래야 알고리즘의 굴레에 갇히지 않고, 미래를 제대로 준비할 수 있을 것이다. 바로 이들에게는 인공지능을 넘어 미래지능이 존재한다고 할 수 있다. 미래지능이란 인공지능시대에 꼭 필요한 지능이다. 새로운 시각을 갖고, 생각할 수 있게 하는 미래지능. 인공지능도 버거운데 미래지능이라니 더 혼란스럽게 여겨질지 모른다. 현재 많은 기업들이 인공지능을 프로젝트 단위로 생각하고 일을 진행하고 있으니 더더욱 어렵게 느껴질 것이다.

개인적으로는 인공지능에 쉽게 접근하지 못할 것이라고 생각하면 갈 길이 멀다. 인공지능은 단기적인 프로젝트가 아니라 쉼 없이 이어지는 긴 여정이다. 큰 흐름 속에 우리를 맡겨야 한다. 초반에 너무 급히 달려 쉽게 지칠 필요도 없고, 너무 늦게 출발한 것은 아닌가 하여 미리 실망할 필요도 없다. 인공지능을 넘어 미래지능을 준비하면서 차근차근 인공지능 생태계에 자연스럽게 들어가면 된다.

자! 이제 인공지능 생태계에 들어온 독자 여러분! 새로운 인공지능 세상에 입문하신 것을 진심으로 환영합니다!

《마음의 탄생》, 레이 커즈와일, 크레센도, 2016

《로봇도 사랑을 할까》, 로랑 알렉상드로, 갈라파고스, 2018

《대학에 가는 AI vs 교과서를 못 읽는 아이들》, 아라이 노리코, 해냄 2018

《인공지능개발이야기》, 야마모토 잇세이, 처음북스, 2018

《인공지능 70 AI 키워드》, 미야케 요이치로, 제이펍, 2017

《최신 인공지능 쉽게 이해하고 넓게 활용하기》, 칸자키 요지, 워키북스, 2017

《지능의 탄생》, 이대열, 바다출판사, 2017

《인공지능시대의 비즈니스전략》, 정도희, 더퀘스트, 2018

《의료인공지능》, 최윤섭, 클라우드나인, 2018

《김대식의 인간 VS 기계》, 김대식, 동아시아, 2016

《로봇저널리즘》, 김대원, 커뮤니케이션북스, 2017

《언어지능》, 김동성, 커뮤니케이션북스, 2017

《데이터과학비즈니스》, 김정선, 커뮤니케이션북스, 2017

《데이터노믹스》, 김희대, 커뮤니케이션북스, 2017

《링크드 데이터》, 조명대, 커뮤니케이션북스, 2017

《지식그래프》, 김학래, 커뮤니케이션북스, 2017

《데이터기반 비즈니스 모델 개발》, 심재익, 커뮤니케이션북스, 2017

《인공지능 콘텐츠혁명》, 고찬수, 한빛미디어, 2018

《데이터과학 무엇을 하는가?》, 김옥기, 이지스퍼블리싱, 2018

《알고리즘으로 세상을 지배하라》, 크리스토퍼 스타이너, 에이콘, 2016

《알고리즘 라이프》, 알리 알모사위, 생각정거장, 2017

《인공지능과 딥러닝》, 마쓰오 유타카, 동아엠앤비 2015

《딥러닝 첫걸음》, 김성필, 한빛미디어, 2016

《국가대표 파이썬 첫걸음》, 더코딩칼리지, 2018

《모두의 파이썬》, 이승찬, 길벗, 2016

《골빈해커의 3분 딥러닝》, 김진중, 한빛미디어, 2017

《성공하는 프로그래밍 공부법》, 박재정, 로드북, 2018

《코딩의 귀환》, 야스민B. 카파이, 디뷰, 2017

《구글에서 배우는 딥러닝》, 닛케이 빅데이터, 영진닷컴, 2017

《세상을 만드는 글자 코딩》, 박준석, 동아시아, 2018

《데이터를 철학하다》, 장석권, 흐름출판, 2018

《커넥톰, 뇌의 지도》, 승현준, 김영사, 2014

《더 브레인》, 데이비드 이글먼, 해나무, 2017

《보이스 퍼스트 패러다임》, 호모 디지쿠스, 아마존의 나비, 2017

The Deep Learning Revolution, Terrence Sejnowski, MIT, 2018

AI Superpowers, Kai-Fu Lee, HMH, 2018

The AI Advantage, Thomas Davenport, Stone Serif, 2018

Heart of the Machine, Richard Yonck, Arcade, 2017

Creating Emotional Artificial Intelligence, Andre Mainville, 2017

AI for Marketing & Product Innovation, A. K. Pradeep, Wiley, 2019

Prediction Machines, Ajay Agrawal, HBR, 2018

Applied Artificial Intelligence, Mariya Yao, Topbots, 2018

How Smart Machines Think, Sean Gerrish, MIT, 2018

Life 3.0, Max Tegmark, Vintage, 2018

Algorithms to Live, Brian Christian, Picador, 2016

Artificial Intuition, Carlos Perez, I. M., 2018

AI Supremacy, Daniel Wagner, DWKF, 2018

The Deep Learning AI Playbook, Carlos Perez, I. M., 2017

Rise of the Robots, Martin Ford, Basic Books, 2015

Superintelligence, Nick Bostrom, Oxford, 2014,

The Emotion Machines, Marvin Minsky, S&S Paperbacks, 2006

Robotic Process Automation, Richard Murdoch, 2018

The Simple Implementation Guide to RPA, Kelly Wibbenmeyer, iUniverse, 2018

인공지능이 나하고 무슨 관계지?

초판 1쇄 발행_ 2019년 10월 10일
초판 4쇄 발행_ 2020년 1월 15일

지은이_ 이장우
펴낸이_ 이성수
주간_ 김미성
편집장_ 황영선
편집_ 이경은, 이홍우, 이효주
마케팅_ 김현관
본문 일러스트_ 염예슬
디자인_ 진혜리

펴낸곳_ 올림
주소_ 03186 서울시 종로구 새문안로 92 광화문오피시아 1810호
등록_ 2000년 3월 30일 제300-2000-192호(구:제20-183호)
전화_ 02-720-3131 | 팩스_ 02-6499-0898
이메일_ pom4u@naver.com
홈페이지_ http://cafe.naver.com/ollimbooks

ISBN 979-11-6262-027-4 03320

이 도서의 국립중앙도서관 출판예정도서목록(CIP)은 서지정보유통지원시스템 홈페이지
(http://seoji.nl.go.kr)와 국가자료종합목록 구축시스템(http://kolis-net.nl.go.kr)
에서 이용하실 수 있습니다.
 (CIP제어번호 : CIP2019038683)